생각이 열리는 나무
트리즈 마인드맵

생각이 열리는 나무

트리즈 마인드맵
Triz MindMap

오경철(트리즈마인드맵 대표) | 안세훈(트리즈큐 창의센터 대표)

추천사

최근 들어 창의성 교육에 관한 관심이 많아지고 있다. 하지만 창의성을 어떻게, 무엇을, 누구에게 교육해야 하는지에 대한 의견은 분분하다. 창의성 교육이 성장하기 위해서는 먼저 창의성 교육의 구체적인 목표점이 설정되어야 한다.

〈생각이 열리는 나무, 트리즈마인드맵〉은 지금까지의 창의력 계발서와는 다르게 창의성 교육을 통해 무엇을 해야 하는지에 대해 구체적으로 명시하고 있는 것이 가장 큰 장점이다. 또한 최근에 각광받기 시작한 문제 해결 도구인 '트리즈' 입문서로서도 훌륭한 역할을 할 것으로 기대한다.

2세대 트리즈 전문가의 선두주자로서 역량과 의욕을 함께 보여주고 있는 두 분의 저자가 이 책의 출간을 계기로 더욱 활발한 활약을 펼쳐 줄 것으로 기대한다.

― (사) 한국트리즈협회 회장 김익철

〈생각이 열리는 나무, 트리즈마인드맵〉은 문제 해결에 트리즈를 쉽게 적용할 수 있도록 단계별로 정리한 책이다.

트리즈 이론의 체계적인 설명과 함께 실용적으로 접목이 가능한 문제 해결 사례를 함께 제시하여, 이론과 실제를 모두 갖춘 최적의 트리즈 입문서가 되었다.

또한 트리즈 입문자들도 쉽게 이해할 수 있도록 트리즈의 핵심 이론인 '40가지 발명원리'를 쉽게 설명하였고, 특히 그림을 새롭게 추가하여 재구성한 것을 높게 평가하고 싶다.

– 킴스트리즈 대표 김호종

"이미지로 사고하고 한 장의 그림으로 표현하라!!!"
디지털마인드맵 Thinkwise를 개발하며 내 머릿속에서 항상 되뇌던 말이다. 〈트리즈마인드맵〉이란 책을 받아보고 무엇보다도 '마인드맵'이란 제목이 시선을 끌었지만, 그에 못지않게 마인드맵을 어떻게 트리즈와 결합시켜나갔을까, 하는 궁금증도 컸다.
'마인드맵으로 트리즈를 전개한다!'는 아이디어는 참으로 참신하다고 생각한다. 저마다 제각각의 창의 도구가 봇물을 이루고 있는 상황에서, '트리즈마인드맵'은 창의 도구가 융합의 시대로 접어들었음을 알려주고 있으며, 그 시발점 역할을 하리라 생각한다. 이 책의 강점은 창의 도구를 단순히 소개하는 데 머물지 않고, 그것을 이용하여 실제로 문제를 해결해 가는 과정에 초점을 두었다는 점일 것이다. 또한 한국 토종의 창의 도구(한국형 실용트리즈)를 이용하여 또 하나의 토종 창의 도구(트리즈마인드맵)를 만들어냈다는 데 큰 의미를 두고 싶다.

– ㈜ 심테크 대표이사 정영교

머리말

　창의적 문제 해결 이론인 트리즈는 해결책으로 가는 정확한 방향을 제시해준다. 처음에 트리즈의 40가지 발명원리와 모순 매트릭스를 접한 사람들은 트리즈라는 매우 쉽고 실용적인 문제 해결 방법론에 감탄을 하게 된다. 하지만 실제로 문제를 해결하기 위해 트리즈 방법론을 적용시켜보면 결코 쉬운 작업이 아니란 것을 실감하게 될 것이다.

　트리즈는 창의적으로 문제를 해결해가는 방법에 관한 이론이다. 아직까지는 대중적으로 많이 알려지지 않은 이론이지만, 시간이 갈수록 트리즈에 대한 관심은 높아지고 있다. 이러한 움직임은 한때의 유행처럼 확 타올랐던 ISO9000이나 6시그마의 움직임과는 분명한 차이를 가지고 있다. 기업의 경영혁신과 품질혁신 달성이라는 목적을 가지고 있는 ISO9000과 6시그마는 기업이 인증자격을 획득하는 구조를 가지고 있다. 따라서 ISO9000과 6시그마가 기업의 혁신에 도움이 되고 있는 것은 사실이지만 기업이 ISO9000과 6시그마 인증 획득을 상업적으로 이용하는 것에 많은 관심을 기울인 것 역시 사실이다.

　트리즈는 회사 차원에서 어떤 인증자격을 획득하는 것이 아니라 그 회사의 구성원이 창의적으로 문제를 해결할 수 있는 능력을 배양하는 데 그 목적이 있다는 점에서, 기존의 경영혁신 프로그램과는 확연한 차이가 있다. 트리즈는 회사를 구성하는 개개인의 능력을 향상시켜 회사 전체의 능력을 향상시키는 이론이라 말할 수 있다. 최근에는 트리즈에 대한 관심이 점차로 높아지고 있으며, 이에 따라 트리즈 교육 프로그램을 운행하고 있는 회사도 많아지고 있다.

트리즈에는 40가지 발명원리와 모순 매트릭스 이외에도 '물질-장 모델링', '76가지 표준해', '작은 사람 모델', '아리즈' 등 여러 가지 방법론이 있고, 이것을 자유자재로 이용하기 위해서는 상당 기간의 훈련이 필요하다. 이러한 문제 때문에 트리즈의 여러 방법론을 3SC와 4SC로 단순화하여 실용성을 높이고 훈련 기간을 단축시킨 '한국형 실용 트리즈'가 개발되어 사용하고 있다.

한국형 실용 트리즈는 기존 트리즈의 3단계 즉, '1단계 경계영역의 도식화 → 2단계 모순의 도출 → 3단계 모순 분석 및 해결'에 '4단계 시스템 기능 분석'을 추가한 4단계의 창의성 과정으로 구성되어 있으며, 문제 해결에 있어서 기존의 트리즈 방법론보다 실용성과 활용성에서 훨씬 유용하다.

트리즈의 문제 해결 방법론은 학문의 경계를 벗어나 모든 분야에서 활용되도록 설계되었다. 그렇기 때문에 매우 유용한 문제 해결 방법론이지만, 모든 분야의 문제를 해결할 수 있다는 막연한 기대만으로 트리즈를 접한다면 실패할 수밖에 없을 것이다.

이 책에서는 트리즈를 보다 쉽게 이해하고 그 활용성을 높이기 위해 마인드맵을 이용하는 방법을 제안한다.

마인드맵은 한마디로 생각하는 힘을 기르는 일종의 두뇌 훈련법이라고 할 수 있다. 근육을 키우기 위해 무거운 기구를 들거나 힘든 운동을 반복하듯이, 사고력 역시 마인드맵 등의 훈련을 통해 높일 수 있다. 비유하자면 우리가 하는 말을 받아 적는 것이 워드프로세서라면, 마인드맵은 우리의 생각을 받아 적는 것이라 할 수 있다.

트리즈와 마인드맵을 연결시키기 위해 별도의 소프트웨어를 사용하거나 특정한 양식을 이용할 필요는 없다. 트리즈를 통한 문제 해결을 위해 또 하나의 플랫폼을 구성하여 확장되는 생각을 제한하게 되는 것은, 오히려 인간의 창의성을 구속하는 결과를 낳을 수도 있기 때문이다.

트리즈와 마인드맵을 결합한 트리즈마인드맵은 트리즈 방법론 중 한국형 실용 트리즈의 3SC와 4SC를 중심축으로 구성하여 각 단계에서 연상되는 생각들을 마인드맵을 이용하여 정리하도록 구성한 것이다.

　어떤 분들은 필자에게 문제 해결을 위해서 반드시 트리즈와 마인드맵을 사용하고 더 나아가 트리즈마인드맵을 사용할 필요가 있는가라는 의문을 제기하기도 한다.

　필자는 이런 분들에게 알버트 아인슈타인의 예를 들려주곤 한다. 아인슈타인이 창조적인 이론을 만들어낼 수 있었던 비결의 핵심은 '문제를 다르게 바라보는 것'이었다고 말이다. '문제를 다르게 바라본다'라는 말의 뜻을 이해하지 못하는 사람은 없을 것이다. 하지만 문제를 다르게 바라보는 것이 생각만큼 그렇게 쉽지 않다는 것 또한 잘 알고 있을 것이다. 한마디로 트리즈마인드맵은 문제를 다르게 바라보는 방법에 대한 것이다.
　트리즈마인드맵은 생각의 확장과 아이디어 발상에 대한 유용한 도구인 마인드맵과 문제의 현상을 직시하여 그 본질을 파악하고 불가능한 것처럼 여겨졌던 모순을 찾아 혁신적 해결 방안을 제시하는 트리즈의 만남이다.
　트리즈마인드맵은 지금까지 경험하지 못한 새로운 창의 도구가 될 것으로 확신한다.

차례

추천사 4
머리말 6

PART 01 트리즈로 생각해보는 창의력

1. 창의적 문제 해결 15
2. 트리즈와 알트슐러 25
3. 모순 해결 이론, 트리즈 31
4. 트리즈를 활용한 소련의 과학기술 39
5. 트리즈의 이상해결책 IFR 45

PART 02 고전 트리즈와 한국형 실용 트리즈

문제의 제기 : 옷을 태우지 않는 다리미 52
1. 고전 트리즈의 모순 매트릭스를 이용한 문제 해결 54
2. 한국형 실용 트리즈를 이용한 문제 해결 61

PART 03 40가지 발명원리 해설

1. 분할   72
2. 추출   76
3. 국부적 품질   80
4. 비대칭   84
5. 통합   88
6. 다용도   92
7. 포개기   96
8. 공중부양/균형추   100
9. 사전반대조치   104
10. 사전조치   108
11. 사전예방조치   112
12. 굴리기/높이맞추기   116
13. 거꾸로 하기   120
14. 곡선화   124
15. 자유도 증가   128
16. 초과나 부족   132
17. 차원변경   136
18. 진동   140
19. 주기적 작용   144
20. 유용한 작용의 지속   148
21. 급히 통과   152
22. 전화위복   156
23. 피드백   160
24. 중간매개물   164
25. 셀프서비스   168
26. 복사   172
27. 값싸고 짧은 수명   176
28. 기계시스템의 대체   180
29. 공기 및 유압의 사용   184
30. 유연한 막과 얇은 필름   188
31. 다공성 물질   192
32. 색깔변형   196
33. 동질성   200
34. 폐기 및 재생   204
35. 속성변화   208
36. 상전이   212
37. 열팽창   216
38. 산화가속   220
39. 불활성환경   224
40. 복합재료   228

PART 04 새로운 창의도구 트리즈마인드맵

1. 트리즈와 마인드맵의 만남   235
2. 트리즈마인드맵의 활용   247
3. 트리즈마인드맵을 이용한 비기술 문제 해결   261

참고문헌   278

PART
01

트리즈로 생각해보는 창의력

1. 창의적 문제 해결

2. 트리즈와 알트슐러

3. 모순 해결 이론, 트리즈

4. 트리즈를 활용한 소련의 과학기술

5. 트리즈의 이상해결책 IFR

PART 01 : 트리즈로 생각해보는 창의력

알트슐러가 평생을 바쳐 연구해온 트리즈를 한마디로 표현하자면, "문제에서 발생하는 모순을 정의하고, 사고의 전환과 패턴화된 해결책을 통해 문제를 해결하는 방법"이라고 정의할 수 있다.

떠오르는 미래
인공지능(AI)
도서 목록

전공자·비전공자 모두에게 필요한
성안당의 고급 인공지능 교재를 소개합니다.

싱귤래리티(Singularity)는 언제 올 것인가?
미래를 대비하는 인공지능 학습 도서들!

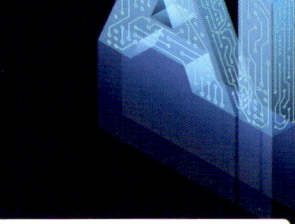

BM (주)도서출판 성안당

본 도서는 전국 유명 서점 및 온라인 🌱교보문고 | 알라딘 | YES24.COM | 인터파크
▶ BM 성안당 홈페이지(www.cyber.co.kr)에서 구입하실 수 있습니다. *도서 구입 문의 : TEL. 031-950-6300

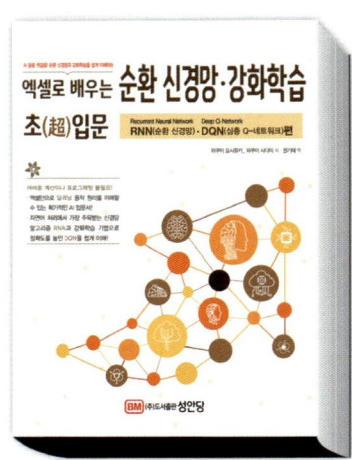

AI 응용 첫걸음! 순환 신경망과 강화학습을 쉽게 이해하는
엑셀로 배우는 순환 신경망·강화학습 초(超)입문

와쿠이 요시유키, 와쿠이 사다미 저 | 권기태 역 | 224쪽 | 23,000원

엑셀만으로 딥러닝 동작 원리를 이해할 수 있는 AI 응용 입문서!

〈엑셀로 배우는 딥러닝〉 시리즈의 속편격인 이 책은 지난 책에서 CNN(합성곱 신경망)에 치중되었던 점에서 좀 더 딥러닝 쪽에 한 발 나아간 RNN(순환 신경망), DQN(심층 Q-네트워크)편이다. 저자는 진화하는 딥러닝 분야의 대표적인 예로 RNN(Recurrent Neural Network, 순환 신경망)과 DQN(Deep Q-Network, 심층 Q-네트워크)를 들면서 RNN은 자연어 처리 분야에서 가장 주목받는 알고리즘이며 DQN은 강화학습의 기법을 사용함으로써 정확도가 놀라울 만큼 높아졌음을 강조한다.

이 책은 RNN과 DQN을 누구나 사용하는 엑셀을 이용해 어려운 수학이나 프로그래밍 지식없이 엑셀 동작을 보면서 구조를 이해할 수 있도록 한 획기적인 입문서이다.

※가격은 일부 변동될 수 있습니다.

클라우드 기반의 머신러닝 개론
실용주의 인공지능

노아 기프트 저 | 류훈 역 | 352쪽 | 25,000원

최신 인공지능·머신러닝용 비즈니스 솔루션을 똑 부러지게 마스터한다!

이 책은 스포츠 마케팅, 프로젝트 관리, 제품 가격 책정, 부동산 및 기타 분야의 현실적인 문제를 해결하기 위해 클라우드 기반 인공지능/머신러닝 애플리케이션을 구축하는 방법을 단계별로 살펴본다. 비즈니스 전문가, 의사 결정권자, 학생 또는 프로그래머 누구나 저자의 전문 지도와 광범위한 사례 연구를 통해 사실상 모든 환경에서의 데이터 과학 문제를 해결할 수 있게 된다.

저자는 NBA에 대한 소셜 미디어 영향력 예측, 미국 부동산 가격 예측 같은 현실 사례에 대한 프로그래밍 예제를 통해 인공지능과 머신러닝을 실용적으로 접근할 수 있도록 설명한다. 저자의 깃허브 사이트에는 이 모든 예제 코드들이 실시간으로 올라와 있다.

※가격은 일부 변동될 수 있습니다.

잠 못들 정도로 재미있는 이야기
인공지능과 테크놀로지

미야케 요이치로 저 | 한선관 감역 | 황명희 역 | 128쪽 | 9,800원

인공지능이 미래의 생활을 어떻게 바꿀 것인지에 대한 핵심 포인트를 간략하게 설명!

이 책은 현실로 다가온 인공지능 기술과 기술적, 사회적 측면에서 나타날 변화를 예측하는 이야기로 사물인터넷(IoT), 인공지능(AI)과 결합된 여러 가지 상황별로 트렌드를 소개한다. 빅데이터, IoT, 딥러닝을 시작으로 주목되고 가상통화, 블록체인, MR(혼합현실) 등 모르는 것이 끝나지 않는 최첨단의 혁신과 우리의 가까운 미래가 '변화되는 생활'에 대해 중요한 주제를 중심으로 다루었다. 또한 이해하기 힘든 최신 용어들을 한눈에 들어오는 그림과 도표로 정리하여 가능한 한 알기 쉽게 정리하였다.

만화로 쉽게 배우는
머신러닝

아라키 마사히로 저 | 이강덕 감역 | 김정아 역 | 216쪽 | 15,000원

발전 가능성 높은 머신러닝을 만화로 쉽게 학습할 수 있다!

인공지능 분야의 하나인 머신러닝에 대해서 기초 지식부터 심층학습의 기초 지식까지 만화로 배울 수 있다. 시청을 무대로 일어나는 일을 회귀, 분류1, 평가, 분류2, 비지도 학습이라는 흐름으로 이야기를 즐기면서 머신러닝을 배울 수 있다.

이 책은 대학 초년생 정도의 수학 지식이 필요한 수준의 입문서로, 머신러닝을 처음 접하는 초보자를 비롯하여, 이과 학부 1~2년차, 머신러닝 초보자, 문과 계열 SE에서 머신러닝 프로그래밍이 필요한 사람, 소프트웨어 기술자·소프트웨어 개발업 관리자 등에게 추천할 만하다.

※가격은 일부 변동될 수 있습니다.

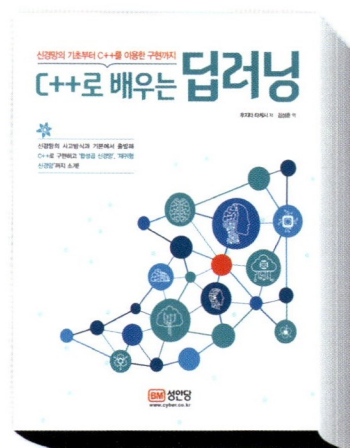

신경망의 기초부터 C++를 이용한 구현까지
C++로 배우는 딥러닝

후지타 타케시 저 | 김성훈 역 | 272쪽 | 23,000원

입문자와 소프트웨어 엔지니어를 위한 딥러닝과 신경망의 모든 것!

저자는 딥러닝의 기초가 되는 신경망(뉴럴 네트워크)은 뇌신경 세포의 전기적인 행동에서 영감을 얻어 단순화한 구조를 컴퓨터로 재현 가능한 알고리즘으로 이를 활용하기 위해서는 기초 이론을 학습해야 한다고 강조하며 이 책의 독자를 딥러닝의 기초를 학습하려는 입문자와 소프트웨어 엔지니어로 규정한다. 또한 CUDA 커널을 바탕으로 고속화된 행렬 라이브러리, 활성화 함수, 손실 함수 등 C++로 딥러닝을 하는 이들에게 필요한 다양한 예제가 마련되어 있으며 실제 예제 구현을 위해서는 엔비디아의 GPU를 탑재한 그래픽 카드가 필요하다.

이 책 한 권이면 딥러닝의 기본 개념에 대한 설명과 이론에 대한 골격이 잡히면서 C++로 코딩을 해보면서 딥러닝 서비스 개발에 대한 자신감까지 덤으로 얻을 수 있을 것이다.

※가격은 일부 변동될 수 있습니다.

재미있는 게임 AI는 어떻게 움직이는가?
인공지능을 만드는 법

미야케 요이치로 저 | 이도희 역 | 352쪽 | 25,000원

누구나 읽을 수 있는 인공지능 입문서! 디지털 게임 AI의 모든 것!

인공지능은 4차 산업혁명 시대의 핵심으로 사회 각 분야마다 적용 안 되는 곳이 없다. 자동차부터 검색엔진, 의료 및 생산라인 등은 물론이고 게임이나 프로그래밍에서는 더 말할 나위가 없다. 이 책은 인공지능과 디지털 게임의 관계, 즉 디지털 게임 속에서 인공지능은 어떤 역할을 하는지를 자세히 소개한다.

개발에 참여하는 사람뿐만 아니라 게임을 좋아하는 분들, 게임 제작을 통해 인공지능을 자세하게 알고 싶은 응용 사례를 보고 싶은 독자라면 이 책을 주목할 필요가 있다. 특히, 인공지능AI 제작을 위한 인지과학이나 자연과학 분야까지 폭넓게 언급하고 있어 게임 개발자가 아닌 인공지능에 입문해보려는 일반 독자들에게도 인공지능의 맥을 짚는 읽을거리로 추천할 만하다.

※가격은 일부 변동될 수 있습니다.

인공지능 사고를 길러주는
AI 사고를 위한 인공지능 랩

한선관·홍수빈·김영준·김병철·정기민·안성민 저 | 376쪽 | 23,000원

최신 AI 솔루션과 교육 이슈를 망라한 새로운 개념의 AI 입문서!

한국인공지능교육학회 회장인 한선관 경인교대 교수가 주축이 되어 집필된 이 책은 최신 AI 개념과 교육 솔루션, 머신러닝 포 키즈와 스크래치 3 실습 프로젝트를 설명하는 AI 입문서이다. 우리 주변에 광범위하게 연구되고 있는 인공지능 플랫폼이나 앱, GAN 알고리즘뿐 아니라 시각 장애인에게 도움 되는 MS의 Seeing AI나 청각장애인을 위한 수화 인식 기술의 구글 미디어파이프 솔루션 등 인공지능이 사람을 얼마나 도울 수 있는지 소개하는 놀라운 스토리가 가득하다. 누구나 인공지능에 호감을 느끼고 실습을 하면서 자연스레 인공지능에 입문할 수 있다.

강의자료는 [강의자료실]의 전문가 등급 변환 요청 후 이용 가능합니다.

※가격은 일부 변동될 수 있습니다.

AI의 구조를 쉽게 이해할 수 있는 딥러닝 초(超)입문
엑셀로 배우는 딥러닝

와쿠이 요시유키, 와쿠이 사다미 저 | 권기태 역 | 208쪽 | 23,000원

엑셀로 대화하고 차근차근 이해하는 딥러닝 첫 입문서!
이 책은 딥러닝을 구체적으로 소개하지만 지도 학습만을 고려한다고 선을 긋는다. 비지도 학습나 강화학습은 입문편에서 다루기에는 높은 수준이라는 것이다. 또, 활성화 함수는 시그모이드 함수를 주로 고려한다. 실제로 딥러닝 개론서를 살펴보면 높은 수준의 통계나 수학적 지식을 요구하는 경우가 많은데 이 책은 엑셀 실행 예를 들어 전혀 어렵지 않다. 하나의 숫자 이미지를 대상으로 합성곱 신경망이 '1'인가 '2'인가 판단을 내리는 워크시트의 예라든가, 테스트용 필기체 문자를 O, X 판단을 내리는 워크시트 등 딥러닝의 첫발을 내딛는 독자에게 도움 되는 예제가 다수 수록되어 있다. 특히 역자의 철저한 검증을 거쳐 직접 제작한 워크시트를 성안당 자료실에서 다운로드하여 이용할 수 있다.
딥러닝이나 머신러닝, 인공지능이 뭔지 궁금한데 어떻게 첫 단추를 끼워야할지 모르겠다는 분들의 도움닫기에 큰 역할을 할 책으로 추천할 만하다.

※가격은 일부 변동될 수 있습니다.

창의적 문제 해결

창의력이란 무엇인가?

새로운 것을 만들어내는 것?, 번뜩이는 아이디어?, 획기적인 생각? …. 어쩌면 이러한 말들이 머릿속을 돌아다니게 될지도 모르겠다. 그리고 많은 사람들은 창의력은 '나'하고는 관련이 없다고 생각하면서, 스스로 '나는 창의적인 사람이 아니다'라고 판단하는 사람도 있을 것이다. 더 나아가서 '창의력이 아무나 가질 수 있는 것인가?'라는 의구심을 품는 사람도 있을 것이다. 하지만 분명히 말할 수 있는 것은 창의력이란 그리 대단한 것도 아니고 소수의 몇몇 사람만이 천부적으로 가지고 타고나는 것도 아니라는 것이다. 창의력은 인간이라면 누구나 지니고 있는 보편적 특성에 불과한 것임을 글을 시작하면서 먼저 강조하고 싶다.

문제를 다르게 이해하는 것이 창의적인 것이다

인류 역사에서 가장 위대한 천재 중 한 명인 아인슈타인은 다음과 같이 지극히 쉽고 평범한 단어를 사용하여 창의성을 정의했다.

탁월한 창의력으로 커다란 업적을 남긴 아인슈타인과 에디슨

"문제를 다르게 이해하는 것이 바로 창의적인 것이다."

매우 짧지만 창의성의 핵심을 잘 표현한 문장이다. 필자 역시 아인슈타인의 생각에 동의하는데, 그렇다면 과연 어떻게 하는 것이 '문제를 다르게 이해하는 것'일까?

'문제를 다르게 이해하는 것'이란 문장은 난해한 단어나 전문용어 등이 없는 전혀 어려울 게 없는 말이다. 하지만 이것이 구체적으로 무엇을 뜻하는 것인지를 설명하는 것은 쉽지가 않다. 워낙 쉬운 말로 표현되었기 때문에 더 이상 쉽게 설명할 수도 없다.

이 말에서 아인슈타인이 전하고 싶었던 의미는 '백지 상태에서 다시 생각해보자'는 것이 아닐까? 어린아이가 처음 보는 사물에서 일반인들이 보지 못하는 전혀 새로운 면을 볼 수 있는 것은 그 사물에 대한 어떠한 고정관념도 없기 때문이다. 이와 마찬가지로 어떠한 사전 지식이나 편견에 사로잡히지 않고 문제를 보면 문제를 새롭게 이해할 수 있고 이를 통해서 문제를 해결할 수 있는 단서를 찾을 수 있는 것이다. 이는 흔히 어떤 문제에 대한 해결의 실마리가 풀리지 않을 때 '원점에서부터 다시 시작해보자'라고 말하는 것과 같은 의미의 말이다.

하지만 문제를 다르게 이해하는 것이 말처럼 쉬운 것이 아니다. 그렇기 때문에 사람들은 아인슈타인과 같은 천재가 될 수 없는 것이고, 반대로 문제를 다르게 보는 능력이 탁월했던 아인슈타인은 다른 사람들로부터 천재로서 추앙 받았던 것이다.

에디슨의 시행착오법

이번에는 아인슈타인과는 좀 다르지만 역시 천재로 불리는 에디슨의 경우를 살펴보자. '발명왕'이란 별명을 갖고 있는 토마스 에디슨 역시 인류 역사의 위대한 천재 중 한 명이다. 위대한 발명가인 그는 다음과 같은 말을 남겼다.

"천재는 99%의 땀과 1%의 영감으로 이루어진다."

필자는 한때 이 말을 그저 잘난 사람이 평범한 사람에게 위로 삼아 한 말 정도로 생각했다. 하지만 이 말 속에는 에디슨의 삶의 여정과 노력 그리고 천재의 눈물이 깃들어 있음을 최근에야 이해하게 되었다. 사실 에디슨은 타고난 천재라는 평가보다는 의지가 강한 사람이라는 평가가 더 어울리는 사람이다.

에디슨의 위대한 발명품 중에는 전구가 있다. 전구가 발명되기까지 에디슨은 1,000번이 넘는 실패를 맛보게 된다. 전구의 개념은 이미 1808년 험프리 데이비에 의해 발명되었으나, 상용화 단계에는 이르지 못하였다. 특히 필라멘트(백열전구나 진공관의 내부에서 전류를 통하여 열전자를 방출하는 실처럼 가는 금속 선)의 수명이 극히 짧은 것이 문제였다고 한다.

에디슨은 필라멘트에 적합한 물질을 찾기 위해 다양한 재료들을 실험에 사용했다. 바닥에 굴러다니는 휴지조각부터 머리카락, 옷감, 백금 등의 수많은 재료들을 사용하여 무려 1,000여 번이 넘는 실패를 거듭하면서도 에디슨은 실험을 멈추지 않았다. 그러던 어느 날 실험실에 굴러다니던 싸구려 일본산 부채 하나가 에디슨의 눈에 들어왔다. 에디슨은 그 부채의 부챗살을 가늘게 잘라 필라멘트로 만들었고, 그 부챗살로 만든 필라멘트는 1,500시간을 넘게 버텨주어 마침내 상용화할 수 있는 전구를 발명할 수 있었던 것이다.

만약 에디슨이 몇 백 번쯤 실험을 하다가 포기하였다면 전구는 한참의 시간이 지난 후에나 다른 발명가의 손에서 만들어졌을 것이며, 어쩌면 아직까지도 만들어지지 못했을지도 모른다. 그렇다면 에디슨의 성공 요인은 무엇이었을까? 그것은 바로 성공할 때까지 포기하지 않았다는 것이다.

필자는 에디슨의 성공 비결인 '포기하지 않는 것'을 성공 확률이 100%인 가장 확실한 방법이라고 생각한다. 만약 어느 누가 필자에게 '아인슈타인과 에디슨 둘 중 한 사람을 스승으로 모셔야 한다면 누구를 스승으로 택하겠는가'라고 묻는다면, 필자는 두 번 생각할 것도 없이 에디슨을 스승으로 택할 것이다. 우리와 같은 평범한 사람에게 에디슨과 같은 굳은 의지는 가장 중요한 성공 요인이기 때문이다.

그렇다면 에디슨은 창의성이란 것에 대해 아인슈타인과는 전혀 다른 생각을 하고 있었을까? 그렇지 않다. 에디슨 역시 창의성에 대하여 아인슈타인과 똑같은 생각을 가지고 있었다. 아인슈타인이 문제를 다르게 보았기 때문에 많은 것을 창조해낼 수 있었던 것처럼, 에디슨 역시 문제를 다르게 보았기 때문에 많은 것을 창조해낼 수 있었던 것이다. 모든 사람이 불가능하다고 생각하고 말할 때 에디슨은 다르게 생각하고 다르게 행동했다. 에디슨은 불가능한 것을 가능하다고 생각하고 움직였기 때문에, 즉 다른 사람과 다르게 생각했기 때문에 성공할 수 있었던 것이다.

맥가이버가 평범한 사람과 다른 것은?

20여 년 전, 한 TV채널에서 〈맥가이버〉라는 외화가 방영된 적이 있다. 드라마의 주인공 이름이 '맥가이버'였는데, 맥가이버는 그때까지 사람들이 알고 있던 드라마 속의 007이나 슈퍼맨과 같은 영웅들과는 다른 점을 많이 갖고 있었다. 그는 주머니 속에 일명 맥가이버 칼이라고 하는 다용도 주머니칼 하나만 달랑 들고 다니면서, 주변의 물건을 이용하고 온갖 재료들을 끌어모아 뚝딱뚝딱 무언가를 만들어냈다. 또한 맥가이버는 할아버지의 말씀을 떠올리며 각종 아이디어를 찾아냈다. 그런데 그 할아버지의 말씀이란 것이 그저 우리가 중·고등학교 때 배웠던 기초적인 과학상식과 별반 다를 것이 없는 수준이었다. 그리고 맥가이버가 이용하는 물건들도 늘 우리 주변에서 굴러다니는, 볼펜·열쇠·동전·시계·안전벨트·못·망치·초콜릿 등의 특별할 것이라곤 하나도 없는 물건들이었다. 이렇게 평범한 물건으로 단지 칼 하나만을 쥔 채 뚝딱하고 무언가를 만들어내는 맥가이버를 보며 사람들은 '맨손의 마법사'라고 부르며 천재라고 말하였다.

그렇다고 맥가이버가 세상에 없는 것을 창조해냈던 사람도 아니었다. 그리고 물건을 만들어내는 데 고차원적인 물리방정식이나 어려운 수학공식을 이용했던 것도 아니었다. 맥가이버는 주어진 환경에서 문제를 풀기 위해 무엇이 필요한지를 생각했고, 주변에 있는 물건들을 이용해서 여러 가지 물건들을 만들어냈다. 맥가이버는 드라마 속에서 동전에 섞여 있는 구리, 휠체어 바퀴에 있는 마그네슘, 비료에 들어 있는 질산, 포도주에 들어 있는 전해질, 망원경에 들어 있는 프리즘 등을 찾아냈고, 이들을 활용하여 용접봉·섬광탄·폭탄 등의 맨손으로는 도저히 불가능할 것 같은 물건들을 만들어서 문제를 해결하고 위험에서 벗어나곤 하였다.

그렇다면 언제나 시청자들의 탄성을 자아내게 한 맥가이버의 능력은 무엇이었을까? 맥가이버는 분명 보통 사람들보다는 뭔가를 좀 많이 알고 있었던 것만은 틀림없다. 그렇다고 해도 맥가이버의 지식 수준은 평범한 고등학교 과학 선생님의 수준을 넘는 것은 아니었다. 딱히 특별한 능력이 없는 그가 급박한 상황에서 필요한 물건을 뚝딱 만들어낼 수 있도록 한 능력은 도대체 무엇이었을까?

이쯤에서 아인슈타인의 말을 다시 한번 떠올려보자. 그리고 앞에서 예를 든 에디슨을 생각해보자. 아인슈타인은 '문제를 다르게 이해하는 것', '문제를 새로운 각도에서 바라보는 것'이 창의적인 것이라고 했다. 맥가이버가 가진 능력이란 바로 이것이 아니었을까? 즉, '사물을 새로운 시각에서 바라보는 것', '문제를 다르게 이해하는 능력', '자신의 지식과 경험의 틀에서 벗어날 수 있는 능력'이 바로 맥가이버의 힘이 아니었을까? 맥가이버는 그러한 능력이 있었기에 동전이라고 하는 사물의 명칭과 용도에 제한되지 않고 동전을 구성하고 있는 구리라고 하는 물질을 찾아내어 동전을 새로운 용도로 사용할 수 있었던 것이다.

창의력이란 세상에 없는 것을 만들어내는 힘이 아니고, 번뜩이는 아이디어 같은 것도 아니다. 어떤 획기적인 생각으로 문제투성이의 세상을 구원하는 특별한 능력은 더더욱 아니다. 창의력이란, 문제를 다르게 이해하는 힘, 사물을 새로운 시각으로 보는 능력, 그리고 사물의 본질을 볼줄 아는 능력이다.

'창의'라는 말의 한자를 풀이해보면 다음과 같다.

創意 = 倉(창고) + 刀(칼) + 音(소리) + 心(마음)

마음의 소리가 담긴 창고를 칼로 깨뜨리는 힘, 즉 유연하게 사고하는 힘이 바로 창의력이다.

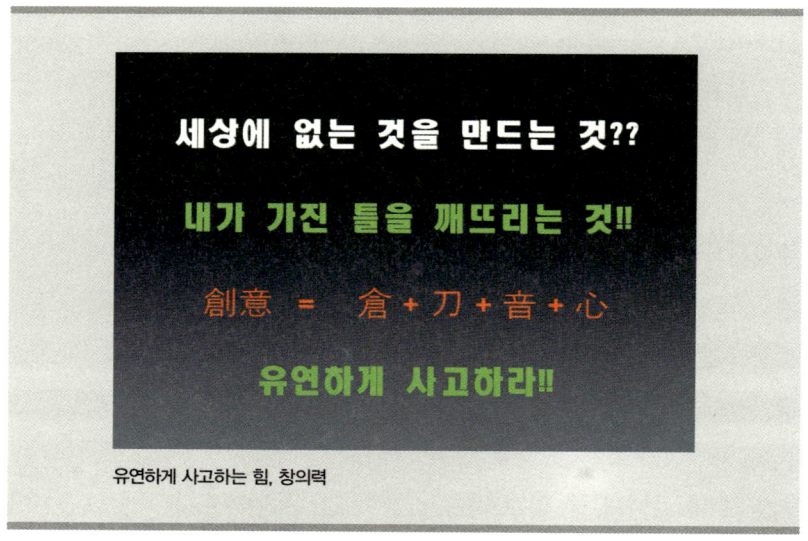

유연하게 사고하는 힘, 창의력

그렇다면 창의력은 왜 필요한 것일까? 창의력이 불필요한 것이라고 생각하는 사람은 거의 없을 것이다. 대부분의 사람들은 창의력이 필요하다고 말한다. 그런데 창의력이 왜 필요한지에 대해서 확실하게 말할 수 있는 사람은 많지 않은 듯하다.

도대체 창의력은 왜 필요한 것일까? 아인슈타인이 문제를 다르게 보려고 한 이유는 무엇인가? 에디슨이 불굴의 의지로 이루고자 했던 것은 무엇인가? 맥가이버가 맨손으로 뚝딱뚝딱 무언가를 만들어내서 도대체 무엇을 한 것인가? 창의적 인재를 중시하는 기업들은 창의적 인재를 얻어서 무엇을 하고자 하는 것인가?

획기적인 아이디어를 얻기 위해서? 아니면 어떤 새로운 것을 상상하기 위해서? 물론 획기적인 아이디어를 얻거나 새로운 것을 상상하기 위한 목적도 있을 것이다. 하지만 인간이 동물과 구별되는 능력이기도 한 창의력의 필요성을 설명하기에는 뭔가 부족하게 느껴진다.

태고로부터 현재에 이르기까지 인간은 창의력을 통해 수많은 문제들을 해결해 왔다. 위험하기 그지없는 불을 다루어서 밤을 밝히고, 불을 이용해 맹수로부터 몸을 보호하였다. 지천에 깔린 돌멩이를 이용해 맹수들이 가진 날카로운 이빨을 대신하였고, 구전으로 전해지던 지혜를 글과 그림을 이용하여 더 많은 사람에게 전파했다.

이것은 인간이 뜨겁고 위험한 불을 단지 위험하다고만 생각하지 않았고, 길가에 흔해빠진 돌멩이를 유심히 지켜볼줄 알았으며, 기억에만 의존하던 것을 저장할 수 있는 방법을 찾아낼줄 알았기 때문에 가능한 것이었다. 인간은 창의력을 통해 사물을 다르게 바라봤고, 그 덕분에 문제를 해결하여 인간이 필요한 것을 찾아낼 수 있었다. 인간이 창의력을 갈구하는 근원적 이유는 바로 '문제 해결' 때문이다.

트리즈와 알트슐러

여기에서 필자는 한 명의 천재 과학자를 소개하려고 한다. 그의 이름은 겐리히 알트슐러G.S. Altshuller이다. 그는 러시아 출신의 과학자이며, 창

트리즈 창시자,
겐리히 알트슐러(G.S. Altshuller)

의적 문제 해결 이론인 트리즈TRIZ: Teoriya Reshniya Izobretatelskikh Zadatch를 개발한 사람이다. 알트슐러는 트리즈 이론을 통해 문제를 어떻게 새로운 각도로 바라볼 수 있는지, 그리고 어떻게 하면 신속하게 문제를 해결할 수 있는지를 소개하였다. 알트슐러는 1926년 10월 15일 구 소련의 타슈켄트에서 태어났으며, 14세이던 1940년에 수중 잠수장치를 발명하였고, 이듬해인 1941년에는 로켓엔진을 장착한 보트구조를 발명하면서 두각을 나타내기 시작하였고, 1946년에는 잠수함 탈출장치를 개발하여 소련 해군특허국에 배치되었다.

발명은 우연하게 이루어지는 것이 아니다

특허국에서 수많은 발명특허기술들을 접하게 되면서, 알트슐러는 '발명은 우연하게 이루어지는 아이디어'라는 생각에 의문을 갖게 되었고, 이때부터 그는 창조적으로 문제를 해결할 수 있는 기술시스템에 대한 연구를 시작하였다. 그는 연구를 거듭하면서 기술적·공학적 모순을 발견하여 문제를 해결할 수 있는 이론적 가설을 세웠는데, 이것이 훗날 트리즈 이론으로 발전하게 되었다.

알트슐러는 1948년에 러시아의 과학기술 발전을 앞당겨야 한다는 사명감으로, 당시 소련의 수상인 스탈린에게 현재의 정책으로는 과학기술의 발전을 도모할 수 없다는 내용의 편지를 보내게 된다. 알트슐러는 소련 정부로부터 답장을 받지 못했는데, 2년이 지난 어느 날 소련 비밀경

시베리아 구라그 강제수용소의 수인 모습

찰은 스탈린 모욕죄라는 죄목으로 알트슐러를 체포하였다. 25년 형을 선고 받은 알트슐러는 보쿠타 Vorkuta에 있는 시베리아 구라그 Siberia Gulag 강제수용소에서 '4년간 유배생활을 하게 된다. 강제수용소 내 지식인캠프에 수용된 알트슐러는 그곳에서 늙고 병든 고령의 과학자와 교수들을 만나게 되었으며, 그들과의 대화를 통해 많은 지식을 쌓을 수 있었다. 알트슐러는 스탈린이 사망한 뒤 1년 반이 지난 1953년 5월에 석방되었다.

알트슐러는 1956년 그의 친구 샤피로 Rafadl Shapir와 함께 〈Voprosy Psihologii〉지에 기술진화의 법칙, 기술모순 등을 중심으로 쓴 최초의 트리즈 논문을 발표하였다. 이 논문에는 단계별로 문제를 해결할 수 있는 알고리즘도 포함되었는데, 이것은 나중에 ARIZ-56으로 명명되었다. 1959년 아제르바이잔에서의 세미나를 기반으로 ARIZ-59가 만들어졌고, ARIZ-59에는 이상해결책 IFR이라는 개념을 처음으로 소개하였다.

알트슐러는 1961년에 최초의 트리즈 도서인 《How to learn to invent》

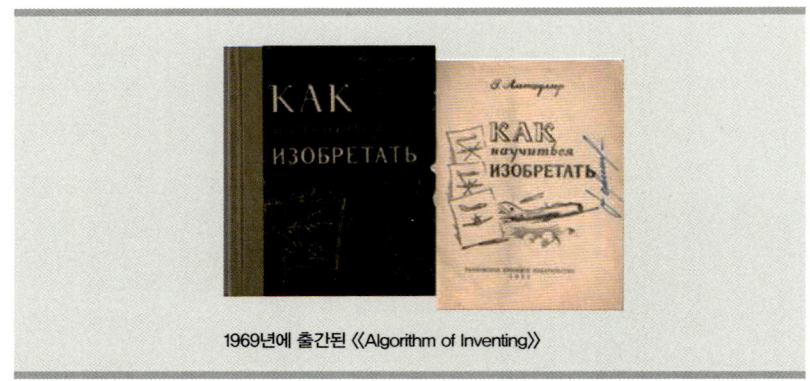
1969년에 출간된 《Algorithm of Inventing》

를 출간하였고, 1964년에는 최초의 '기술모순표'를 만들었다. 1968년에는 35개의 발명원리를 공포하였고, 이듬해인 1969년에는 《Algorithm of Inventing》라는 책을 출간하였다. 1971년까지 5개의 발명원리를 추가하여, 현재의 모순 매트릭스(기술모순표)와 40가지 발명원리가 완성되었다.

1970년대 초부터 기술모순에 숨어있는 물리모순에 대한 분석을 시작하였고, 트리즈의 핵심인 물리적 효과 Physical Effect 와 물질-장 분석 Substance-field-analysis 이 추가되었다. 1975년에는 ARIZ-75가, 1977년에는 ARIZ-77이 발표되었고, 같은 해에 10개의 표준해결책을 만들기 시작하여 1985년까지 76개의 표준해결책을 완성하게 된다.

1979년에는 《Creativity as an Exact Science》를 출간하였는데, 이 책은 1984년에 영어로 번역, 출간되었다. 1986년에는 어린이들을 위한 《on TRIZ - How to find idea》란 책을 출판하였고, 1974년부터 1986년까지 12년간 어린이 잡지인 〈Pionerskaja Pravdadp〉에 논

1984년에 출간된 《And Suddenly the Inventor appeared》

문을 투고하였다. 이때 알트슐러는 아이들에게서 19만 통이 넘는 편지를 받게 된다. 이것을 기초로 하여 1984년에는 《And Suddenly the Inventor appeared》를 출간하였다.

1989년에는 러시아트리즈협회가 설립되었고, 알트슐러는 초대 회장으로 추대된다. 러시아트리즈협회는 현재의 국제트리즈협회 MATRIZ 로 발전하게 된다. 알트슐러는 1998년 9월 24일 페트로자보드스크 Karelia Petrozavodsk 에서 72세를 일기로 생을 마감하였다.

문제 해결 과정에는 일정한 패턴이 존재한다

알트슐러는 "어려운 문제에는 모순이 존재하고, 이 모순을 해결할 때 진정한 혁신을 이룰 수 있다"고 하였다. 또한 "대부분의 문제 해결 과정은 일정한 패턴에 의해 진행된다"라고 하였다. 알트슐러가 평생을 바쳐 연구해온 트리즈를 한마디로 표현하자면, "문제에서 발생하는 모순을 정의하고 사고의 전환과 패턴화된 해결책을 통해 문제를 해결하는 방법"이라고 정의할 수 있다.

    트리즈에 대한 연구는 알트슐러 사후에도 그의 동료와 제자들에 의해 계속되었다. 그중에서도 라파엘 샤피로 Rafael B. Shapiro, 리트빈 Semyon S. Litvin, 게라시모프 Vladimir. M. Gerasimov, 유리 페드로비치 살라마토브 Yuri Petrovich Salamatov, 미칼로프 V.A. Mikhajlov, 포드카틸린 A. V. Podkatilin, 셀리여크스키 A. B. Selyuczky, 샤라포프 M. I. Sharapov, 알렉산더 나르부트 Alexander Narvut 등이 많은 공헌을 했다. (참고로 이 책의 공동 저자인 오경철과 안세훈은 알렉산더 나르부트 Alexander Narbut로부터 '트리즈 3 Level' 교육을 이수하고, 니콜라이 쉬파코프스키 Nikolay Shpakovsky의 심사를 거쳐 'MATRIZ 3 Level' 자격을 부여 받았다.)

모순 해결 이론
트리즈

문제 해결의 가장 중요한 열쇠, '모순'

트리즈 이론에서 문제 해결의 가장 중요한 열쇠는 '모순'이란 개념이다. 모순矛盾이란 '대립되는 두 개의 성질로 인하여 어느 쪽도 선택할 수 없는 경우'를 말한다. 어떤 문제에 대한 많은 고민과 모색에도 불구하고 해결책이 쉽게 나오지 않는 것은 문제에 모순이 존재하기 때문이다. 이처럼 문제에 모순이 존재하면 경험과 지식을 총동원하여도 해결할 수 없는 고질적인 문제가 된다.

그러나 트리즈 이론에서는 '모순'이 오히려 문제를 해결하는 핵심 포인트가 된다. 복잡하게 얽혀있는 문제를 철저히 분석하여 모순을 찾아내는 것이 트리즈 이론에서는 매우 중요한 작업이 된다. 도출된 모순은 어렵고 복잡하게 얽혀있던 문제가 결국 두 개의 대립되는 요소로 단순화된 것이기 때문에, 이 모순만 해결한다면 문제는 해결된다는 것이다. 트리즈 이론에서는 이 모순을 '새로운 각도에서 바라보는 방법'을 통해 해결한다.

모순 매트릭스와 40가지 발명원리

트리즈 이론을 통해 모순을 해결하는 방법은 여러 가지가 있다. 그중에서 가장 많이 알려져 있으며 가장 쉬운 방법론은(초등학생들도 따라 할 수 있을 정도로 쉬운) 모순 매트릭스(기술모순표)와 40가지 발명원리이다.

모순 매트릭스와 40가지 발명원리를 이해하기 위해서는 우선 기술모순에 대해 이해해야 한다. 트리즈 이론에서는 모순을 기술모순과 물리모순으로 나누어 설명한다. 기술모순이란 'A라는 요소를 개선하려 할 때, B라는 요소가 악화되는 현상'을 말한다. 우리가 흔히 모순이라고 얘기하는 가장 일반적인 경우라고 생각하면 된다. 물리모순은 'X라고 하는 특정 요소가 A와 B라는 특성을 모두 가져야 하는 경우'를 말하는 것으로, 기술모순보다 문제의 실체를 더 정확하게 표현해준다. 그렇기 때문에 물리모순을 도출하는 것이 트리즈에서는 매우 중요한 과정이 된다.

40가지 발명원리는 기술적 모순을 극복한 특허 200만 건을 분석하여 공통적인 해결 방법을 추출한 원리이다. 알트슐러는 이 40가지 발명원리를 좀 더 쉽게 사용할 수 있도록 하기 위해 연구하였다. 이 과정에서 기술적 모순의 특성을 39가지 파라미터로 체계화하였고, 분석을 위해 39가지 파라미터를 매트릭스 위에 가로축(개선되는 축)과 세로축(악화되는 축)으로 배열하였다. 이것이 바로 모순 매트릭스(기술모순표)이다.

알트슐러는 기술모순을 극복한 특허를 뽑아 그 특허 기술이 지니고 있는 두 가지 특성(개선되는 특성과 악화되는 특성)을 추출하여 충돌하는 셀에 올려놓았다. 이러한 방법으로 수만 건의 특허를 매트릭스 위에 배치한 후 각 셀에 해당하는 특허 기술에 적용된 40가지 원리를 빈도 수에 따라 기재하여 거기에 해당하는 발명원리를 쉽게 찾아낼 수 있도록 하였다.

모순 매트릭스를 사용하는 방법도 이와 유사하다. 해결해야 할 문제에서 기술모순을 도출한 다음 모순 매트릭스의 39가지 파라미터에 해당하는 개선 특성과 악화 특성을 찾아 그 두 가지 특성이 만나는 셀을 찾으면, 그 안에서 문제를 해결할 수 있는 발명원리를 찾아낼 수 있다.

많은 사람들이 모순 매트릭스가 트리즈의 핵심이며 트리즈의 전부인 것처럼 말하는 경우가 있다. 모순 매트릭스가 트리즈를 처음 접하는 사람들에게 있어 트리즈를 이해하고 초보적인 문제를 해결하는 데 있어서는 매우 유용한 도구임에는 틀림 없다. 하지만, 모순 매트릭스는 트리즈의 보조수단에 불과한 것이며, 트리즈에는 모순 매트릭스 이외에도 여러 가지 방법론이 존재한다는 사실을 명심하여야 한다.

	1	2	3	4	5	6	7	8	9	10	11	12	13	14	15	16
1. 움직이는 물체의 무게			15, 8, 29,34		29, 17, 38, 34		29, 2, 40, 28		2, 8, 15, 38	8, 10, 18, 37	10, 36, 37,40	10, 14, 35, 40	1, 35, 19, 39	28, 27, 18, 40	5, 34, 31, 35	
2. 움직이지 않는 물체의 무게				10, 1, 29, 35		35, 30, 13, 2		5, 35, 14, 2		8, 10, 19, 35	13, 29, 10, 18	13, 10, 29, 14	26, 39, 1, 40	28, 2, 10, 27		2, 27, 19, 6
3. 움직이는 물체의 길이	8, 15, 29, 34				15, 17, 4		7, 17, 4, 35		13, 4, 8	17, 10, 4	1, 8, 35	1, 8, 10, 29	1, 8, 15, 34	8, 35, 29, 34	19	
4. 움직이지 않는 물체의 길이		35, 28, 40, 29				17, 7, 10, 40		35, 8, 2,14		28, 10	1, 14, 35	13, 14, 15, 7	39, 37, 35	15, 14, 28, 26		1, 10, 35
5. 움직이는 물체의 면적	2, 17, 29, 4		14, 15, 18, 4			7, 14, 17, 4		29, 30, 4, 34		19, 30, 35, 2	10, 15, 36, 28	5, 34, 29, 4	11, 2, 13, 39	3, 15, 40, 14	6, 3	
6. 움직이지 않는 물체의 면적		30, 2, 14, 18		26, 7, 9, 39						1, 18, 35, 36	10, 15, 36, 37		2, 38	40		2, 10, 19, 30
7. 움직이는 물체의 부피	2, 26, 29, 40		1, 7, 4, 35		1, 7, 4, 17				29, 4, 38, 34	15, 35, 36, 37	6, 35, 36, 37	1, 15, 29, 4	28, 10, 1, 39	9, 14, 15, 7	6, 35, 4	
8. 움직이지 않는 물체의 부피		35, 10, 19, 14	19, 14	35, 8, 2, 14					2, 18, 37	24, 35	7, 2, 35	34, 28, 35, 40	9, 14, 17, 15			35, 34, 38
9. 속도	2, 28, 13, 38		13, 14, 8		29, 30, 34		7, 29, 34			13, 28, 15, 19	6, 18, 38, 40	35, 15, 18, 34	28, 33, 1, 18	8, 3, 26, 14	3, 19, 35, 5	
10. 힘	8, 1, 37, 18	18, 13, 1, 28	17, 19, 9, 36	28, 10	19, 10, 15	1, 18, 36, 37	15, 9, 12, 37	2, 36, 18, 37	13, 28, 15, 12		18, 21, 11	10, 35, 40, 34	35, 10, 21	35, 10, 14, 27	19, 2	
11. 응력 또는 압력	10, 36, 37, 40	13, 29, 10, 18	35, 10, 36	35, 1, 14, 16	10, 15, 36, 28	10, 15, 36, 37	6, 35, 10	35, 24	6, 35, 36	36, 35, 21		35, 4, 15, 10	35, 33, 2, 40	9, 18, 3, 40	19, 3, 27	
12. 모양	8, 10, 29, 40	15, 10, 26, 3	29, 34, 5, 4	13, 14, 10, 7	5, 34, 4, 10		14, 4, 15, 22	7, 2, 35	35, 15, 34, 18	35, 10, 37, 40	34, 15, 10, 14		33, 1, 18, 4	30, 14, 10, 40	14, 26, 9, 25	
13. 물체의 안정성	21, 35, 2, 39	26, 39, 1, 40	13, 15, 1, 28	37	2, 11, 13	39	28, 10, 19, 39	34, 28, 35, 40	33, 15, 28, 18	10, 35, 21, 16	2, 35, 40	22, 1, 18, 4		17, 9, 15	13, 27, 10, 35	39, 3, 35, 23
14. 강도	1, 8, 40, 15	40, 26, 27, 1	1, 15, 8, 35	15, 14, 28, 26	3, 34, 40, 29	9, 40, 28	10, 15, 14, 7	9, 14, 17, 15	8, 13, 26, 14	10, 18, 3, 14	10, 3, 18, 40	10, 30, 35, 40	13, 17, 35		27, 3, 26	
15. 움직이는 물체의 작용 지속시간	19, 5, 34, 31		2, 19, 9		3, 17, 19		10, 2, 19, 30		3, 35, 5	19, 2, 16	19, 3, 27	14, 26, 28, 25	13, 3, 35	27, 3, 10		
16. 움직이지 않는 물체의 작용 지속시간		6, 27, 19, 16		1, 40, 35				35, 34, 38					39, 3, 35, 23			
17. 온도	36, 22, 6, 38	22, 35, 32	15, 19, 9	15, 19, 9	3, 35, 39, 18	35, 38	34, 39, 40, 18	35, 6, 4	2, 28, 36, 30	35, 10, 3, 21	35, 39, 19, 2	14, 22, 19, 32	1, 35, 32	10, 30, 22, 40	19, 13, 39	19, 18, 36, 40
18. 밝기	19, 1, 32	2, 35, 32	19, 32, 16		19, 32, 26		2, 13, 10		10, 13, 19	26, 19, 6		32, 30	32, 3, 27	35, 19	2, 19, 6	
19. 움직이는 물체에 의해 사용된 에너지	12,18,28, 31		12, 28		15, 19, 25				8, 35, 35	16, 26, 21, 2	23, 14, 25	12, 2, 29	19, 13, 17, 24	5, 19, 9, 35	28, 35, 6, 18	
20. 움직이지 않는 물체에 사용된 에너지		19, 9, 6, 27									36, 37		27, 4, 29, 18	35		
21. 동력	8, 36, 38, 31	19, 26, 17, 27	1, 10, 35, 37		19, 38	17, 32, 13, 38	35, 6, 38	30, 6, 25	15, 35, 2	26, 2, 36, 35	22, 10, 35	29, 14, 2, 40	35, 32, 15, 31	26, 10, 28	19, 35, 10, 38	16
22. 에너지 손실	15, 6, 19, 28	19, 6, 18, 9	7, 2, 6, 13	6, 38, 7	15, 26, 17, 30	17, 7, 30, 18	7, 18, 23	7	16, 35, 38	36, 38			14, 2, 39, 6	26		
23. 물질의 손실	35, 6, 23, 40	35, 6, 22, 32	14, 29, 10, 39	10, 28,24	35, 2, 10, 31	10, 18, 39	1, 29, 30, 36	3, 39, 18, 31	10, 13, 28, 38	14, 15, 18, 40	3, 36, 37, 10	29, 35, 3, 5	2, 14, 30, 40	35, 28, 31, 40	28, 27, 3, 18	27, 16, 18, 38
24. 정보의 손실	10, 24, 35	10, 35, 5	1, 26	26	30, 26	30, 16		2, 22	26, 32						10	10
25. 시간 손실	10, 20, 37, 35	10, 20, 26, 5	15, 2, 29	30, 24, 14, 5	26, 4, 5, 16	10, 35, 17, 4	2, 5, 34, 10	35, 16, 32, 18		10, 37, 36,5	37, 36,4	4, 10, 34, 17	35, 3, 22, 5	29, 3, 28, 18	20, 10, 28, 18	28, 20, 10, 16
26. 물질의 양	35, 6, 18, 31	27, 26, 18, 35	29, 14, 35, 18		15, 14, 29	2, 18, 40, 4	15, 20, 29		35, 29, 34, 28	35, 14, 3	10, 36, 14, 3	35, 14	15, 2, 17, 40	14, 35, 34, 10	3, 35, 10, 40	3, 35, 31
27. 신뢰성, 내구도	3, 8, 10, 40	3, 10, 8, 28	15, 9, 14, 4	15, 29, 28, 11	17, 10, 14, 16	32, 35, 40, 4	3, 10, 14, 24	2, 35, 24	21, 35, 11, 28	8, 28, 10, 3	10, 24, 35, 19	35, 1, 16, 11		11, 28	2, 35, 3, 25	34, 27, 6, 40
28. 측정의 정확도	32, 35, 26, 28	28, 35, 25, 26	28, 26, 5, 16	32, 28, 3, 16	26, 28, 32, 3	26, 28, 32, 3	32, 13, 6		28, 13, 32, 24	32, 2	6, 28, 32	32, 35, 13	28, 6, 32	28, 6, 32	10, 26, 24	
29. 제조의 정밀도	28, 32, 13, 18	28, 35, 27, 9	10, 28, 29, 37	2, 32, 10	28, 33, 29, 32	2, 29, 18, 36	32, 23, 2	25, 10, 35	10, 28, 32	28, 19, 34, 36	3, 35	32, 30, 40	30, 18	3, 27	3, 27, 40	
30. 물체에 작용하는 유해 요소	22, 21, 27, 39	2, 22, 13, 24	17, 1, 39, 4	1, 18	22, 1, 33, 28	27, 2, 39, 35	22, 23, 37, 35	34, 39, 19, 27	21, 22, 35, 28	13, 35, 39, 18	22, 2, 37	22, 1, 3, 35	35, 24, 30, 18	18, 35, 37, 1	22, 15, 33, 28	17, 1, 40, 33
31. 유해한 부작용	19, 22, 15, 39	35, 22, 1, 39	17, 15, 16, 22		17, 2, 18, 39	22, 1, 40	17, 2, 40	30, 18, 35, 4	35, 28, 3, 23	35, 28, 1, 40	2, 33, 27, 18	35, 1	35, 40, 27, 39	15, 35, 22, 2	15, 22, 33, 31	21, 39, 16, 22
32. 제조의 편이성	28, 29, 15, 16	1, 27, 36, 13	1, 29, 13, 17	15, 17, 27	13, 1, 26, 12	16, 40	13, 29, 1, 40	35	35, 13, 8, 1	35, 12	35, 19, 1, 37		1, 28, 13, 27	11, 13, 1	1, 3, 10, 32	27, 1, 4	35, 16
33. 사용의 편이성	25, 2, 13, 15	6, 13, 1, 25	1, 17, 13, 12		1, 17, 13, 16	18, 16, 15, 39	1, 16, 35, 15	4, 18, 39, 31	18, 13, 34	28, 13, 35	2, 32, 12		32, 35, 30	32, 40, 3, 28	29, 3, 8, 25	1, 16, 25
34. 유지보수의 편이성	2, 27, 35, 11	2, 27, 35, 11	1, 28, 10, 25	3, 18, 31	15, 13, 32	16, 25	25, 2, 35, 11	1	34, 9	1, 11, 10	13	1, 13, 2, 4	2, 35	11, 1, 2, 9	11, 29, 28, 27	1
35. 적응성	1, 6, 15, 8	19, 15, 29, 16	35, 1, 29, 2		1, 35, 16		35, 30, 29, 7		35, 16	15, 35, 29	35, 10, 14	15, 17, 20	35, 16	15, 37, 1, 8	35, 30, 14	35, 3, 32, 6	13, 1, 35	2, 16
36. 장치의 복잡성	26, 30, 34, 36	2, 26, 35, 39	1, 19, 26, 24	26	14, 1, 13, 16	6, 36	34, 26, 6	1, 16	34, 10, 28	26, 16	19, 1, 35	29, 13, 28, 15, 19	2, 22, 17, 19	2, 13, 28	10, 4, 28, 15	
37. 조정의 복잡성	27, 26, 28, 13	6, 13, 28, 1	16, 17, 26, 24	26	2, 13, 18, 17	2, 39, 30, 16	29, 1, 4, 16	2, 18, 26, 31	3, 4, 16, 35	30, 28, 40, 19	35, 36, 37, 32	27, 13, 1, 39	11, 22, 39, 30	27, 3, 15, 28	19, 29, 39, 25	25, 34, 6, 35
38. 자동화 정도	28, 26, 18, 35	28, 26, 35, 10	14, 13, 17, 28	23	17, 14, 13		35, 13, 16		28, 10	2, 35	13, 35	15, 32, 1, 13	18, 1	25, 13	6, 9	
39. 생산성	35, 26, 24, 37	28, 27, 15, 3	18, 4, 28, 38	30, 7, 14, 26	10, 26, 34, 31	10, 35, 17, 7	2, 6, 34, 10	35, 37, 10, 2		28, 15, 10, 36	10, 37, 14	14, 10, 34, 40	35, 3, 22, 39	29, 28, 10, 18	35, 10, 2, 18	20, 10, 16, 38

트리즈의 방법론 중 하나인, 모순 매트릭스

PART 01. 트리즈로 생각해보는 창의력 | 035

칼은 옆면이 있어야 하고 동시에 없어야 한다

모순을 찾아가는 과정이 어떠한 것인지 한번 살펴보도록 하자.

오이를 칼로 얇게 썰 때, 칼 표면에 오이가 달라붙는 경우가 있다. 칼에 달라붙은 오이를 떼어내기가 어려운 것은 아니지만, 좀 귀찮은 것은 사실이다. 그럼 오이가 칼에 달라붙지 않게 하려면 어떻게 해야 할까?

오이가 칼에 달라붙는 이유는 무엇일까? 과학적으로 설명하자면 오이를 얇게 썰면 오이 표면의 수분에 의해 표면장력과 부착력이 생기는데, 이 힘이 오이의 무게보다 크기 때문에 칼의 표면에 오이조각이 달라붙게 되는 것이다.

이 문제를 과학적으로 해결하는 방법이 있을까? 오이를 바짝 말려 수분을 없애든가, 아니면 칼의 표면을 따뜻하게 데워 표면장력을 약화시키는 방법, 혹은 칼의 표면을 울퉁불퉁하게 만드는 방법 등이 있다.

그렇다면 트리즈 이론에서는 이 문제를 어떻게 해결할 수 있을까? 이 문제는 간단한 문제이기 때문에 표면장력이나 부착력 같은 과학적 용어를 떠올릴 필요도 없다. 오이는 칼의 옆면에 달라붙기 때문에, 칼의 옆면이 없으면 오이는 칼에 달라붙지 않을 것이다. 하지만 칼의 옆면은 칼날과 칼등을 연결시키는 부분이기 때문에 반드시 있어야 한다. 우리는 여기에서 간단하게 모순을 찾아낼 수 있다. 즉, '칼의 옆면은 있어야 하지만, 또 없어야 한다'라는 모순이 바로 그것이다.

'칼의 옆면은 있어야 하고 없어야 한다'라는 상황은 도대체 어떠한 경

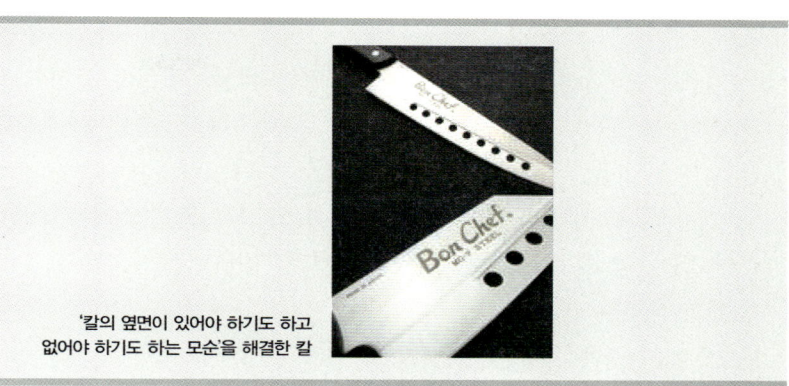

'칼의 옆면이 있어야 하기도 하고
없어야 하기도 하는 모순'을 해결한 칼

우일까? 이미 답을 알고 있는 사람도 많을 것이다. 이 모순을 해결한 칼이 개발되어 현재에도 팔리고 있기 때문이다. 바로 칼의 옆면에 구멍이 뚫린 칼이다. 구멍이 뚫린 부분은 칼의 옆면이 없는 것이고 그 외의 부분은 옆면이 있는 것이니까, '칼의 옆면이 있어야 하기도 하고 없어야 하기도 하는 모순'을 해결한 칼이 되는 것이다.

포스코의 사내 트리즈 대학

트리즈 이론을 만든 알트슐러는 "이제는 문제 해결을 위해 코페르니쿠스적 전환이나 뉴턴의 과학이론과 같은 완전히 새로운 이론이 발견되기는 힘들고, 대부분의 문제 해결은 일정한 패턴에 따라 이루어진다"고 했다. 그의 이론인 트리즈는 문제에서 발생하는 모순을 정의하고 사고의 전환과 패턴화된 해결책을 통해 문제를 해결하는 방법을 제시한 이론이다.

트리즈는 1980년대까지 소련에서 국가기밀로 다루어지고 있었기 때문에 서방에는 그 실체가 알려지지 않았는데, 1990년대 초 소련이 붕괴되면서 미국의 기업들이 소련의 트리즈 전문가들을 대거 스카우트해가면서 세상에 알려지게 되었다. 우리나라에는 1995년 삼성종합기술원에서 러시아의 트리즈 전문가를 직접 채용하면서 도입되기 시작하였는데, 트리즈를 통하여 냉장고의 홈바, DVD 픽업, PDP 전극 설계 등이 개발되었고 관련 기술의 특허 출원이 이어졌다. 또 수많은 원가절감 사례들이 쏟아지면서 많은 기업들이 트리즈를 주목하게 되었다.

현재 트리즈를 가장 적극적으로 도입하고 활용하고 있는 곳은 포스코 POSCO다. 포스코는 포스코3.0 시대의 핵심 도구로서 트리즈를 선택하였다고 발표한 바 있다. 2010년 3월에는 세계 최초로 사내 트리즈 대학을 설립하여, 전 직원에게 트리즈를 교육하고 있다.

트리즈를 활용한 소련의 과학기술

트리즈가 소련의 국가기밀로 다루어졌다고 하는데, 그토록 중요한 기술로 취급 받았던 트리즈는 소련에서 어떤 역할을 하였던 것일까?

소련제 AK-47 소총

현대사의 분쟁의 현장에서 빠지지 않고 등장하는 총이 있다. 1947년 처음 만들어져 60여 년이 지난 지금까지도 꾸준히 사용되고 있으며, 얼마 전 사망한 오사마 빈라덴Osama bin Laden은 이 총을 성전의 상징처럼 항상 곁에 두었다고 한다. 냉전 시대를 거쳐 중동 전쟁, 아프리카 내전

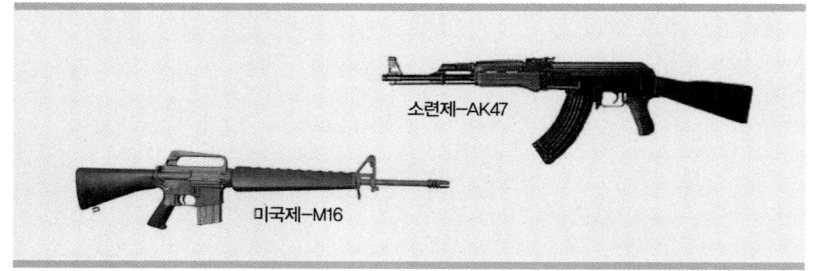

에 이르기까지 전 세계의 크고 작은 분쟁 지역에서 항상 등장하고 있으며, 현재까지 1억 정이 넘게 팔려 기네스북에까지 올라 있는 총은, 바로 소련제 AK-47 소총이다.

AK-47과 비슷한 시기에 미국에서 개발된 M-16이란 총이 있다. 우리나라에서는 베트남 전 이후 1968년부터 보급되어 1990년대 초반까지 생산되었다. 이 시기에 군대 생활을 했던 사람들은 누구나 M-16에 얽힌 추억을 가지고 있을 것이다. 사격 훈련이 있어서 총을 한번 쏘고 나면 그날 저녁은 여지없이 꼬질대에 헝겊조각을 끼워 M-16의 총열을 팔이 아프도록 쑤셔대어야 했고, 습기가 많은 장마철에는 수시로 총기 검열을 하였다. 제대로 총을 관리하지 못한 병사는 얼차려를 받아야만 했다. 이것은 M-16이 매우 섬세한 총이어서 철저하게 관리하지 않으면 안 되었기 때문이다.

M-16은 AK-47보다 품질이 월등하다. M-16은 유효사거리 500m, 무게 2.9kg, 분당 600연발인데, AK-47은 유효사거리 300m, 무게 4.3kg이다. 명중률 역시 M-16이 월등히 높다. 하지만 전 세계적으로 퍼져나간 소총은 M-16이 아닌 AK-47이었다. 무겁고 명중률도 떨어지는

AK-47이 전 세계적으로 퍼지게 된 이유는 무엇일까?

실제의 교전 상황에서 적에게 정조준하여 총을 쏘는 군인은 거의 없다고 한다. 총탄이 빗발치는 전쟁터에서 대부분의 군인들은 고개도 내놓지 않고 단지 총구만을 적을 향하게 한 채 무작정 방아쇠를 당긴다고 한다. 따라서 정확한 조준이 필요한 총은 몇 명의 저격수에게만 필요하며 대부분의 보병에게는 고장 없이 잘 나가기만 하면 충분한 것이다. AK-47은 구조가 단순하여 고장이 없고, 흙 속에 파묻혔어도 먼지만 털어내면 바로 발사가 가능할 정도로 내구성도 뛰어나다. 즉, AK-47 소총은 내구성을 극대화하는 대신 나머지 기능은 최소화한 총이며, 이렇게 단순화된 총은 세계적인 베스트셀러가 되었던 것이다.

소련제 MIG-21 전투기

전투기에 있어서도 세계 최고의 베스트셀러를 기록한 것은 소련제 MIG-21이다. MIG-21은 역사상 가장 오랜 기간 동안 운용되고 있으며,

소련제 MIG-21   미국제 F4 팬텀

가장 많은 생산량(약 2만대)을 기록하고 있고, 또 가장 많은 국가에서 사용되고 있는 전투기로 기록되어 있다.

MIG-21은 작고 가벼운 몸체에 초음속 성능을 보유하고 있으며, 무엇보다 기체 결함이 적다는 특징을 갖고 있다. 따라서 기술 수준이 높지 않더라도 운용이 가능한 것이 MIG-21이며, 이러한 특징이 MIG-21을 세계적인 베스트셀러로 만든 주요 요인으로 분석된다. 소련은 여기서 더 나아가 1960년대 중반 마하 3이 넘는 공포의 전투기 MIG-25 Foxbat을 개발하여 서방 세계를 미그기 쇼크에 빠뜨렸는데, MIG-25의 속도는 미사일의 속도를 능가하였을 뿐만 아니라 당시 미국 초고속 정찰기인 SR-71 블랙버드를 무력화시킬 정도였다고 한다.

소련의 항공기 제작 기술의 비밀은 1976년 소련의 조종사 빅토르 이바노비치 벨렌코 중위가 MIG-25를 몰고 일본 홋카이도의 하코다테 공항으로 망명을 하면서 세상에 알려지게 되었다. 망명 소식이 전해지자마자 미국의 항공 기술자들은 일본으로 긴급히 날아가 MIG-25를 분해하였다. 비행기를 분해하던 미국의 항공 기술자들은 자기 손으로 분해하면서 또 직접 눈으로 확인하면서, 도대체 어떻게 이런 비행기가 하늘을 날아다닐 수 있는지 도저히 믿을 수 없었다고 한다.

MIG-25에 단순하기 그지없는 터보-램-제트 엔진을 사용한 것은 제쳐두더라도, 항공기 동체를 단순 무식한 스테인리스 강철 합금으로 제작하였다는 것은 거의 미스터리에 가까운 것이라고 당시의 항공 기술자들은 분석했다. 초고속 비행 시 발생하는 높은 온도에서 기체의 강도를 유지하기 위해서는 가볍고 튼튼한 소재를 사용하는 것이 당연하다고 여

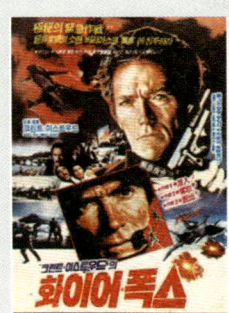

MIG-25를 다룬 영화, 화이어폭스

겼고, 따라서 당시 미국에서는 항공기 동체 제작에 마그네사이트나 티타늄 합금을 사용하고 있었다. 그런데 소련의 항공기 제작자들은 강철 합금으로 동체를 만든 것도 모자라 이를 리벳^{rivet}(금속공작에서 공작물을 영구이음하는 머리가 달린 핀이나 볼트)으로 연결해놓았으며, 미그기를 분해했던 당시 미국 기술자들 눈에는 MIG-25의 동체가 드럼통을 두드려 만든 깡통로봇처럼 보였다고 한다.

충격은 여기서 그치지 않았다. 비행기 앞부분에 설치된 레이더를 분해하자 무게가 500kg이나 되는 Smerch-A 레이더가 장착되어 있었고, 그 속에는 최고급 오디오에서나 사용하는 주먹만한 크기의 6C33 자이언트 진공관이 들어가 있었던 것이다. 미국 측 항공 기술자들은 핵전쟁의 위험이 고조되면서, EMP파의 영향을 받지 않기 위해 트랜지스터 대신 진공관을 사용하였을 것이라고 분석하였다. 이 사건은 클린트 이스트우드가 주연한 영화 화이어폭스^{Firefox(1982)}의 소재가 될 정도로 유명한 사건이었으며, 사건의 영화화는 당시 서방의 충격이 어느 정도였는지를 가늠하게 해준다.

유리 없는 전구

　1970년대 소련에서는 달 착륙선을 개발하고 있었다. 그러던 중 달의 표면을 비추기 위한 전구를 제작하는 데 문제가 발생하였다. 전구의 유리를 아무리 강하게 만들어도 착륙 시의 충격을 견디지 못하고 자꾸만 깨졌던 것이다. 더 이상의 연구를 진행하고 있지 못하고 있던 연구원은 당시 프로그램 책임자이자 트리즈 마스터인 바바킨 박사Dr. Georgi Nikolayevich Babakin에게 연구의 진행 상황을 보고하였다. 연구원의 말을 듣고 있던 바바킨 박사는 연구원에게 유리가 왜 필요한지를 물었다. 연구원은 당연하다는 듯 전구 내부를 진공 상태로 유지하기 위해서 유리가 필요하다고 대답했다. 연구원의 대답을 들은 바바킨 박사는 곧바로 달에는 공기가 있느냐고 되물어보았고, 이 말을 들은 연구원은 무릎을 치며 유리 없는 전구를 만들게 되었다고 한다.

트리즈의 이상해결책 IFR

지금까지의 예들은 소련의 우월성을 말하고자 하는 것도, 또 미국의 과학 수준을 폄하하자는 의도도 아니다. 다만, 트리즈를 통한 문제 해결 방법이 어떠한 것인지를 알아보기 위하여, 트리즈 이론이 만들어지고 또 여러 분야에서 트리즈 이론이 적용되었던 소련의 예를 든 것이다.

트리즈를 통한 문제 해결 방법은 무에서 유를 창조하는 방법이라기보다는, 주어진 환경과 조건에서 최선의 결과를 도출하는 방법이라고 말

$$IFR = \frac{\text{유용한 기능의 합}}{\text{유해한 기능의 합}} = \frac{\text{효과}}{\text{비용}}$$

할 수 있다. 이것은 트리즈의 중요한 기본 개념 중 하나인 이상해결책 IFR: Ideal Final Result과 연결된다.

이상해결책은 '유용한 기능의 합'을 '유해한 기능의 합'으로 나눈 값으로 표현하는데, 유용한 기능이 많을수록 그리고 유해한 기능이 적을수록 이상성은 증가하게 된다.

좀 더 간략히 설명하자면 IFR은 기대효과를 비용으로 나눈 값, 다시 말해서 유익한 효과를 얻기 위해 얼마나 많은 비용이 필요한지를 계산하는 것이다. 소련의 과학자들은 문제에 대한 해결책을 도출하고 난 후, 각 해결책의 IFR값을 계산하여 비교한 후 가장 높은 IFR값이 도출된 해결책을 선택하였다.

그런데 위 산식에서 비용(유해한 기능의 합)이 0_{zero}가 되면 효과(유익한 기능의 합)가 아무리 적다고 하더라도 IFR값은 무한대로 증가되는 것을 볼 수 있다. 이상해결책은 주어진 환경과 조건에서 최대의 효과를 찾아내는 것이다. 그리고 그보다 더 중요한 것은 최소의 비용으로 무한대의 IFR을 찾는 것이다.

IFR 개념은 유리 없는 전구를 개발할 수 있게 하였고, 무쇠 깡통으로 초음속 제트기를 만들게 하였으며, 과녁도 제대로 못 맞히는 총을 만들어 1억 정 넘게 팔려나가게 하였다.

현대 경제학을 구성하고 있는 근원적인 세 가지의 원칙이 있다.

첫째, 일정한 효과를 얻기 위해 가장 적은 비용을 지불하려는 '최소비용의 원칙'

둘째, 일정한 비용으로 최대의 효과를 올리려는 '최대효과의 원칙'
셋째, 비용과 효과가 일정치 않다면 그 차이를 최대로 하려는 '최소비용 최대효과의 원칙'

공산권의 패권국가였던 소련에서 창안된 트리즈 이론의 IFR 개념과 자본주의의 현대 경제학의 근본 원칙이 정확히 일치한다는 것에서 아이러니를 느끼지 않을 수 없다.

PART

02
고전 트리즈와
한국형 실용 트리즈

문제의 제기 : 옷을 태우지 않는 다리미

1. 고전 트리즈의 모순 매트릭스를 이용한 문제 해결

2. 한국형 실용 트리즈를 이용한 문제 해결

PART 02 : 고전 트리즈와 한국형 실용 트리즈

한국형 실용 트리즈의 3SC
- 1단계 경계영역의 도식화 → 문제를 시각화하라
- 2단계 물리모순 도출 → 모순을 찾아라
- 3단계 모순 분석 및 해결 → 시간적·공간적으로 분리하라

지금까지 트리즈가 무엇인지에 대해 살펴보았다. 트리즈는 러시아에서 개발되어 발전된 이론으로, 창의적 문제 해결에 관한 학문이다. 러시아의 전통 트리즈 이론은 한 가지의 방법론으로 구성된 것이 아니라, 40가지 발명원리, 물질-장 분석, 76가지 표준해, 작은사람 모델, 아리즈 등의 여러 가지 방법론으로 구성되어 있으며, 그중에는 매우 어렵고 활용도도 낮은 방법론도 존재한다. 이러한 사정은 트리즈의 습득과 활용에 좋지 않은 영향을 미쳤는데, 우리나라의 김호종 박사는 이러한 트리즈의 문제점을 해결하기 위하여 '한국형 실용 트리즈 모델'을 개발하였다.

2007년 출판된 《실용 트리즈의 창의성 과학》에서 김호종 박사는 짧은 시간에 단계적으로 문제를 해결할 수 있는 6단계 창의성 6SC: 6 Step Creativity을 주창하였고, 2011년에는 이를 다시 3단계 방법론과 4단계 방법론으로 압축한 '창의 설계 실용 트리즈'를 발표하여 한국형 트리즈 이론을 정립하였다.

본장에서는 한 가지의 문제에 대하여 러시아의 '고전 트리즈Classical TRIZ 방법론'과 '한국형 실용 트리즈 방법론'을 적용하여 각각 어떠한 해결책이 도출되는지를 살펴보고, 이를 비교·분석하여 두 가지 방법론에 어떤 차이점이 있는지를 살펴볼 것이다.

문제의 제기

옷을 태우지 않는 다리미

군대 시절에 휴가를 앞둔 아들은 부모님에게 늠름한 모습을 보이기

위해 목욕을 하고 빨래를 하는 등 부산을 떨게 된다. 그중에서도 군복을 잘 차려 입어 남성성을 한껏 뽐내보고 싶은 것은 모든 장병들의 로망이 아닐까 생각된다. 하지만 군 제복은 액세서리를 부착하여 멋을 낼 수 있는 것이 아니며, 멋을 낼 수 있는 방법이라고는 다리미로 칼같이 줄을 잡고 빳빳하게 각을 세우는 것 외에는 다른 방법이 없었다. 아들은 휴가 전날 군복에 각을 세우기 위해 다리미를 붙잡고 씨름을 하곤 하였던 기억이 아직도 생생하다.

직장인이라면 흰색 와이셔츠를 잘 다려 입는 것이 기본적인 에티켓이다. 어머니께서는 군대를 제대하고 사회에 나와서 제법 괜찮은 회사에 입사한 아들을 대견해 하셨고, 그 아들을 위해 기꺼이 흰색 와이셔츠를 손수 다려 주시곤 하셨다. 그런데 연세 드신 어머니는 건망증이 있으셨는지, 옷을 다리시다가 전화가 오거나 손님이 찾아오면 다리미를 옷에 올려놓은 것을 깜빡 하시는 바람에 옷을 태우는 경우가 있었다. 그리 비싼 옷은 아니었지만 어머니께서는 자신을 타박하시면서 속상해 하셨고, 전형적인 한국 남자인 아버지께서는 "정신 똑바로 차리라"는 큰소리를 내곤 하셨다.

어머니가 안쓰러웠던 아들은 속상해 하시는 어머니를 위해 옷을 태우지 않는 다리미를 개발하기로 결심하였다.

고전 트리즈의 모순 매트릭스를 이용한 문제 해결

문제의 해결을 위해 러시아 고전 트리즈의 가장 쉽고 간단한 방법론인 모순 매트릭스 Contradiction Matrix를 이용하여 전개해보도록 하자. 모순 매트릭스는 4단계 프로세스를 거칠 것인데, 4단계 프로세스는 다음과 같다.

- 1단계 **문제의 발견**
- 2단계 **모순의 정의**
- 3단계 **패턴의 적용**
- 4단계 **해결책 도출**

1단계 문제의 발견

다리미로 옷을 다리다가 태우는 문제

2단계 모순의 정의

옷이 잘 다려지기 위해서 다리미는 뜨거워야 한다. 하지만 뜨거운 온도 때문에 옷을 태울 수도 있다. 옷을 태우지 않기 위해서 다리미는 뜨거워서는 안 된다. 하지만 뜨겁지 않으면 옷은 잘 다려지지 않는다. 이처럼 다리미의 온도를 개선시키면 다리미의 성능이 저하되는 문제가 발생하게 된다.

이렇게 어느 한 요소를 개선시킬 때, 다른 요소가 유해한 영향을 받게 되는 기술적 모순이 발생하게 된다.

- 개선되는 요소 **온도(다리미의 온도)**
- 악화되는 요소 **물체에 작용하는 유해한 요인**

3단계 패턴의 적용

2단계 모순 정의에서 개선되는 요소를 '온도', 악화되는 요소를 '물체에 작용하는 유해한 요인'으로 정의하였다. 이렇게 정의된 모순을 모순 매트릭스를 이용하여 40가지 발명원리 중 어떠한 문제 해결 패턴이 적용되는지 찾으면 된다.

앞에서 설명한 것처럼, 모순 매트릭스는 39가지 패러다임이 가로축과 세로축에 나열되어 있고, 가로축의 항목과 세로축의 항목을 선택하여 서로 만나는 점을 찾아가도록 되어 있다. 가로축과 세로축의 항목은 똑같은 내용으로 구성되어 있다.

가로축에서는 개선하고자 하는 요소를 선택하고, 세로축에서는 악화되는 요소를 선택하면 된다. 가로축에 있는 개선되는 요소 중 '온도'란 항목은 17번이고, 악화되는 요소 중 '물체에 작용하는 유해한 요인'이란 항목은 30번이다. 그리고 이 두 가지 요소가 만나는 점을 찾아가보면 22, 33, 35, 02 이렇게 4개의 숫자를 찾을 수 있다. 40가지 발명원리 중 이 숫자에 해당하는 발명원리를 찾아서 해결책을 도출해내면 해결책을 찾을 수 있다.

4단계 해결책 도출

모순 매트릭스에서 22, 33, 35, 02 이렇게 4개의 발명원리를 찾을 수 있다. 각 항목에 해당되는 내용을 살펴보면 다음과 같다.

- 22번 **전화위복**(유해한 것을 좋은 것으로 바꾼다)
- 33번 **동질성**(같은 재료를 사용한다)
- 35번 **속성 변화**(물질의 속성을 변화시킨다)
- 02번 **추출**(필요한 것을 뽑아낸다)

이 네 가지 항목을 가지고 옷을 태우지 않는 다리미를 만들기 위한 해결책을 도출해보도록 하자.

■ 22번 **전화위복**

유해한 요소에서 바람직한 효과를 얻어야 한다. 옷이 타게 되더라도 이것을 좀 더 유익한 방향으로 사용할 수 있는 방법은 없을까? 만약 다리미 밑판에 꽃무늬처럼 예쁜 문양이 새겨져 있다면, 옷이 타더라도 예쁜 문양이 새겨져 새로운 패션으로 활용할 수 있지 않을까?

하지만 현실성이 없는 해결책으로 판단되기 때문에, 22번 항목으로는 해결책을 도출할 수 없다.

■ 33번 **동질성**

　같은 재료를 사용한다. 같은 재료를 써야 한다면, 다리미의 철판을 와이셔츠와 같은 소재로 사용하든가, 와이셔츠의 재질을 다리미와 같은 재질로 구성해야 한다는 것인데, 모두 현실성이 없으므로 이 원리에서도 역시 해결책을 도출할 수 없다.

■ 35번 **속성 변화**

　속성변화란 물질의 속성이 고체라면 기체나 액체로, 액체라면 고체나 기체로 속성을 전환하라는 뜻이다. 다리미의 밑판은 철판으로 되어 있으니 이것을 기체나 액체로 전환하는 방법을 찾아보자.
　다리미의 밑판을 액체로 전환하기는 어려울 것으로 생각되지만, 수증기가 뿜어져 나오는 다리미를 떠올려볼 수 있다.

■ 02번 **추출**

추출의 원리는 필요한 것만 뽑아내라는 의미이다. 우리에게 필요한 것은 옷을 다릴 정도의 열만 필요할 뿐, 옷이 탈 정도의 열이 필요한 것은 아니다. 따라서 다리미의 열은 옷이 잘 다려지면서, 타지 않을 정도의 열을 뽑아내는 방법을 생각해볼 수 있다.

결론적으로 러시아의 '고전 트리즈'를 이용하여 도출된 해결책은 옷이 타지 않을 정도의 열을 내면서 수증기를 이용해 다림질을 할 수 있는 다리미, 즉 '스팀 다리미'라는 해결책을 도출할 수 있다.

한국형 실용 트리즈를 이용한 문제 해결

러시아의 고전 트리즈에 이어 이번에는 한국형 실용 트리즈 Practical TRIZ 를 이용하여 해결책을 도출해보도록 하자. 다리미가 옷을 태우는 문제에 대해서는 실용 트리즈의 3SC 3 Step Creativity 를 이용할 것인데, 3SC는 다음과 같다.

- 1단계 **경계영역의 도식화 → 문제를 시각화하라**
- 2단계 **물리모순 도출 → 모순을 찾아라**
- 3단계 **모순 분석 및 해결 → 시간적·공간적으로 분리하라**

1단계 경계영역의 도식화

'1단계 경계영역의 도식화'란 문제의 상황을 그림으로 나타내는 것이다. '경계영역'이란 문제를 직접적으로 일으키는 경계 부분을 의미한다. '도식화'란 문제를 일으키는 경계영역을 그림으로 간략하게 그린 것을 의미한다.

'경계영역의 도식화'는 '고전 트리즈'에는 없는 것으로, 문제를 짧은 시간에 정확하게 파악하기 위하여 실용 트리즈에서 새롭게 도입한 방법이다. 이 방법론을 통하여 문제를 일으키는 가장 본질적인 원인을 도식화시켜 쉽게 이해할 수 있고, 문제 속에 숨어 있는 트리즈의 물리모순도 쉽게 찾을 수 있다.

다리미가 옷을 태우는 문제를 그림으로 표시하면, 아래의 그림처럼 나타낼 수 있다. 그림에는 다리미가 옷 위에 올려져 있고, 전기가 공급되는 상태로 옷이 타서 눌러붙어 있는 것까지 표시되어 있다. 그림을 자세히 보면 단순히 다리미가 뜨거운 것이 문제라는 생각에서 벗어날 수 있

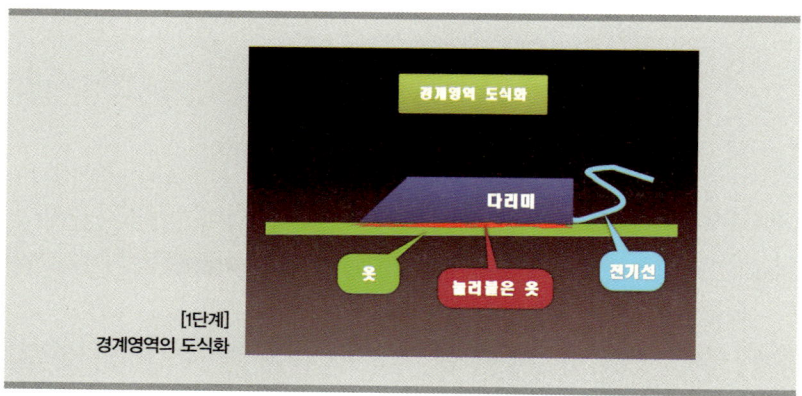

게 된다. 즉, 다리미가 뜨거운 것이 문제가 아니라 뜨거운 다리미가 옷에 오랫동안 접촉되어 있는 것이 문제이다.

2단계 물리모순 도출

2단계는 '1단계 경계영역의 도식화'를 분석하여 모순을 도출하는 단계이다. 1단계 그림에서 모순을 찾아 간단한 문장으로 표시하면 된다. 모순이란 용어는 트리즈를 공부하다 보면 지겨울 정도로 많이 나오게 된다. 앞에서 고전 트리즈를 이용하여 '다리미가 뜨거워야 하고 뜨겁지 않아야 하는 모순'을 찾아낸 바 있지만, 이번에는 모순 앞에 '물리'란 말이 붙어 그 말 뜻을 이해하기가 쉽지 않을 것이다.

트리즈 이론에서는 기술모순이란 용어와 물리모순이란 용어를 사용한다. 기술모순과 물리모순이란 트리즈 이론에 필요한 방법론 전개를 위해 만들어진 것이기 때문에 이를 단순하게 사전적 의미로 해석하려고 해서는 안 된다.

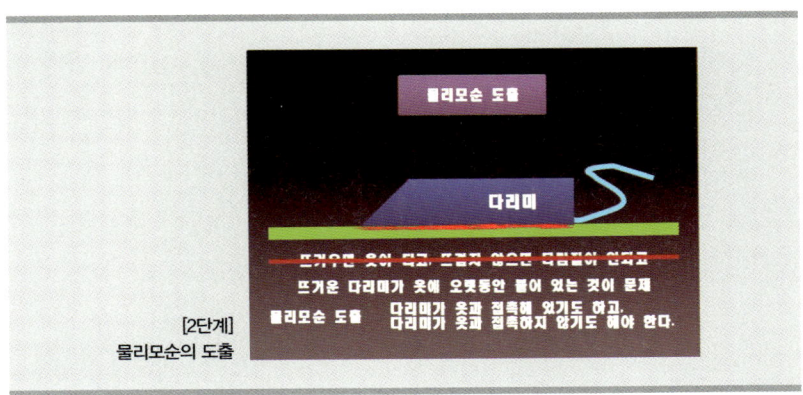

[2단계] 물리모순의 도출

기술모순이란 '특정 요소의 특성을 개선하려 할 때 다른 요소가 악화되는 현상'을 뜻하는 것이고, 물리모순이란 '하나의 요소가 서로 다른 두 가지의 물리량을 동시에 가져야 하는 경우'를 뜻하는 말이다. '다리미가 뜨거우면 옷을 태우게 되고, 다리미가 뜨겁지 않으면 옷이 잘 다려지지 않는 모순' 이 바로 기술적 모순이라고 55쪽에서 설명하였다.

그렇다면, 〈1단계 경계영역 도식화〉에서 나타난 문제에서 모순을 찾는다면 어떤 모순이 도출될 수 있을까? 1단계 설명 마지막 부분에서 다리미가 옷을 태우는 것은 '다리미가 뜨거운 것이 문제가 아니라 뜨거운 다리미가 옷에 오랫동안 접촉해 있는 것이 문제'라고 정의한 바 있다. 이 말을 토대로 모순을 도출해보면 '다리미가 옷을 다리기 위해서는 옷과 접촉해 있어야 하고, 옷을 태우지 않기 위해서는 옷과 접촉해서는 안 된다'가 된다.

모순이란 용어가 고전 트리즈에서와 어떻게 달라졌는지 느껴지는가? 무엇이 달라진 것일까? 다리미가 뜨거우면 옷이 타고 뜨겁지 않으면 다림질이 안 되는 상황은 관념적인 표현으로서, 그림으로 표시할 수가 없다. 하지만 '옷과 접촉해야 하고 접촉하지 않아야 한다'는 상황이라면 좀 더 명확하고 세부적인 모습을 그릴 수 있다. 다리미가 옷에 접촉해 있으면서도 접촉해 있지 않은 상황이라면 한 가지 요소가 두 가지 물리량을 동시에 지니고 있는 특성이라 할 수 있다. 이렇게 도출된 모순이 바로 물리모순이다.

3단계 모순 분석 및 해결

　모순 분석은 앞 단계에서 도출된 모순을 시간적으로 그리고 공간적으로 분리하여 구체적인 모순 해결 방안을 찾는 과정이다. 시간적으로 분리하고 공간적으로 분리한다는 것은, 문제의 현상이 일어나는 순간을 혹은 문제의 현상이 벌어지는 작용 공간을 분리한다는 개념이다.

　트리즈에서는 이것을 분리원리라고 하는데, 분리원리는 트리즈의 방법론 중에서 가장 중요한 문제 해결 도구 중의 하나로서, 물리모순을 분석하는 방법이기도 하다. 알트슐러는 분리원리를 ① 시간분리, ② 공간분리, ③ 조건분리, ④ 부분과전체분리 등의 4가지로 나누었으나, 조건분리는 시간분리로 설명이 가능하고 부분과전체분리도 조건분리와 시간분리로 설명이 가능하기 때문에 실용 트리즈에서는 시간분리와 공간분리만으로 물리모순 문제를 해결한다.

　스포츠 뉴스를 볼 때 결정적인 장면(골인 장면 혹은 KO 펀치 장면 등)은 매우 느린 속도로 화면을 보여주곤 한다. 그러고는 가장 임팩트 있는 장면은 정지화면으로 보여주기도 한다. 정지 화면으로 보게 되면 결정적 순간을 정밀하게 살펴볼 수가 있다. 시간적으로 그리고 공간적으로 분리한다는 것 역시 이와 마찬가지로 이해하면 된다. 문제가 발생하는 순간과 그렇지 않은 순간을 나누어 표현하게 되면 그것이 바로 분리의 원리가 적용된 것이다.

　그럼, 2단계에서 도출된 모순을 분리의 원리로 분석해보도록 하자. 도출된 모순은 '뜨거운 다리미가 옷과 접촉해 있기도 하고 접촉하지 않기도 해야 하는 것'이다. 이것을 시간적으로 분리해보면, '다림질을 해야

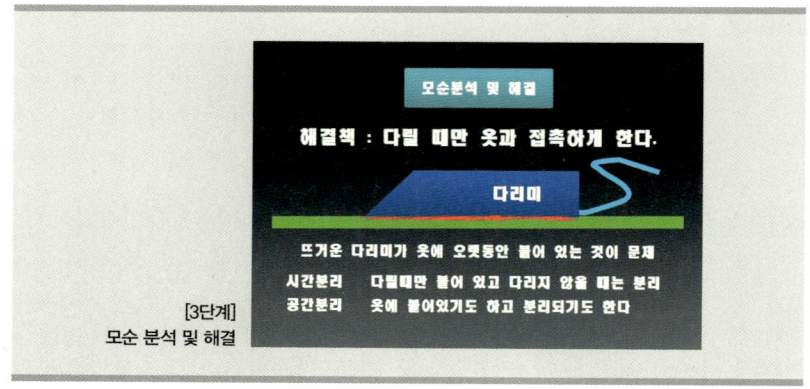

[3단계] 모순 분석 및 해결

하는 시간에는 옷과 접촉해야 하고, 다림질을 하지 않는 시간에는 옷과 접촉하지 않는다'라고 분리할 수 있다. 이것을 공간적으로 분리해보면, '다리미는 옷과 접촉한 부분도 있고, 접촉하지 않는 부분도 있다'는 것으로 분석할 수 있다.

시간적으로 분리한다는 것은 '다리미가 옷과 접촉해야 하는 시간과 접촉해서는 안 되는 시간을 분리하라는 것'이고, 공간적으로 분리한다는 것은 '다리미와 옷이 접촉해 있는 공간을 접촉해야 할 부분과 접촉하지 않아도 되는 부분으로 분리하라는 것'이다.

하지만, 시간분리와 공간분리를 처음 접하는 사람에게는 똑 같은 말이 계속 반복되는 것처럼 느껴질 수도 있다. 또 그렇게 느껴지는 것이 어쩌면 당연할 수도 있다. 지금까지 우리는 명백한 하나의 답을 찾는 것에 익숙해져 있고, 이것도 만족하면서 저것도 만족해야 하는 모순적 상황 해결을 경험해보지 못했기 때문에 그런 것이다. 트리즈를 이용하여 문제를 해결하다 보면 이러한 현상은 자연스럽게 극복된다.

그럼 위에서 설명한 시간분리 분석을 통해 해결책을 도출해보자. '다림질을 해야 하는 시간에는 옷과 접촉해야 하고 다림질을 하지 않는 시간에는 옷과 접촉하지 않는 조건'을 만족하기 위해서 어떠한 장치가 필요하겠는가?

다리미 밑판에 카메라 삼발이와 같은 발이 달려 있다고 상상해보자. 이 발에는 스프링 장치가 있어 다리미를 떠받치고 있는 상태가 되고, 다림질을 하기 위해 손에 힘을 주면 스프링 장치가 수축하면서 다리미는 옷과 접촉하게 된다. 그리고 다림질을 하고 나서 다리미를 잡은 손을 놓게 되면, 스프링 작용에 의해 다리미는 들어올려지게 된다. 따라서 이 장치는 다림질을 하는 시간에는 다리미가 옷과 접촉하게 되고, 다림질을 하지 않는 시간에는 옷과 분리되는 조건을 만족하게 하는 해결책이라 할 만하다.

공간분리 분석을 통한 해결책 역시 같은 장치로 해결이 가능하다. 다리미 밑판에 붙어 있는 발도 다리미의 한 부분이라 할 수 있다. 그렇기 때문에 다리미는 옷과 접촉해 있다. 하지만, 옷을 태울 수도 있는 다리미 밑판은 발에 의해 옷과 분리되어 있는 상태로서 다리미가 옷과 분리되어 있는 조건도 만족하게 된다. 즉 이 장치(다리미 밑판에 달려 있는 발)는 다리미가 옷과 접촉해 있으면서도 접촉해 있지 않는 공간분리 조건을 만족하는 해결책인 것이다.

PART 03

40가지
발명원리 해설

1. 분할
2. 추출
3. 국부적 품질
4. 비대칭
5. 통합
6. 다용도
7. 포개기
8. 공중부양/균형추
9. 사전반대조치
10. 사전조치
11. 사전예방조치
12. 굴리기/높이맞추기
13. 거꾸로 하기
14. 곡선화
15. 자유도 증가
16. 초과나 부족
17. 차원변경
18. 진동
19. 주기적 작용
20. 유용한 작용의 지속
21. 급히 통과
22. 전화위복
23. 피드백
24. 중간매개물
25. 셀프서비스
26. 복사
27. 값싸고 짧은 수명
28. 기계시스템의 대체
29. 공기 및 유압의 사용
30. 유연한 막과 얇은 필름
31. 다공성 물질
32. 색깔변형
33. 동질성
34. 폐기 및 재생
35. 속성변화
36. 상전이
37. 열팽창
38. 산화가속
39. 불활성환경
40. 복합재료

PART 03 : 40가지 발명원리 해설

트리즈 이론을 통해 모순을 해결하는 방법론은 여러 가지가 있다. 그중 가장 많이 알려져 있으며 가장 쉬운 방법론은 모순 매트릭스와 40가지 발명원리이다. 40가지 발명원리는 기술적 모순을 극복한 특허 200만 건을 분석하여 공통적인 해결 방법을 추출한 원리이다.

발명원리 개요

40가지 발명원리는 기술적 모순을 극복한 특허 200만 건을 분석하여 공통적인 해결 방법을 추출한 원리이다. PART 03에서는 40가지 발명원리에 대하여 구체적인 사례를 들어 설명하였다. 트리즈의 창시자 알트슐러는 1971년에 40가지 발명원리를 삽화와 함께 발표하였다. 삽화는 각각의 발명원리를 한 장의 그림으로 압축 표현하여 발명원리의 핵심을 쉽게 이해할 수 있도록 한 것이다. 그러나 40가지 발명원리의 삽화는 이미 40년 전에 발표된 것이기 때문에, 현재의 관점에서 보면 부적합한 것이 많은 것 또한 사실이다. 본서에서는 발명원리에 관한 삽화를 현대식으로 재구성하여 보다 쉽게 발명원리의 핵심을 이해할 수 있게 하였다. 또한 각각의 발명원리에 대한 모순 찾기 코너를 두어, 트리즈의 핵심 개념인 모순을 구체적인 사례 속에서 도출해내고 이들 모순을 해결하는 과정을 세밀하게 보여주었다.

발명원리 01
분할(Segmentation)

40가지 발명원리 중 첫 번째 원리는 '분할'이다.

더운 여름 외삼촌이 수박 한 덩이를 사오셨다. 온 가족이 수박을 먹으려면 칼로 잘라내야 한다. 이렇게 하나를 여러 개로 잘라내는 것이 바로 분할의 원리이다. '잘라내는 정도가 무슨 발명원리가 되겠는가?'하는 의문이 들 수도 있다. 하지만 이 간단한 원리가 가장 많이 쓰이는 발명원리이고 그렇기 때문에 첫 번째로 거론되는 것이다.

그림에 있는 블라인드가 분할의 원리를 잘 설명하고 있다. 블라인드는 커튼을 여러 조각으로 잘라내어 연결한 것에 불과하다. 하지만, 블라인드는 채광 조절이 가능하고, 블라인드를 내린 채로 창문을 열어 환기를 시킬 수도 있다. 또한 블라

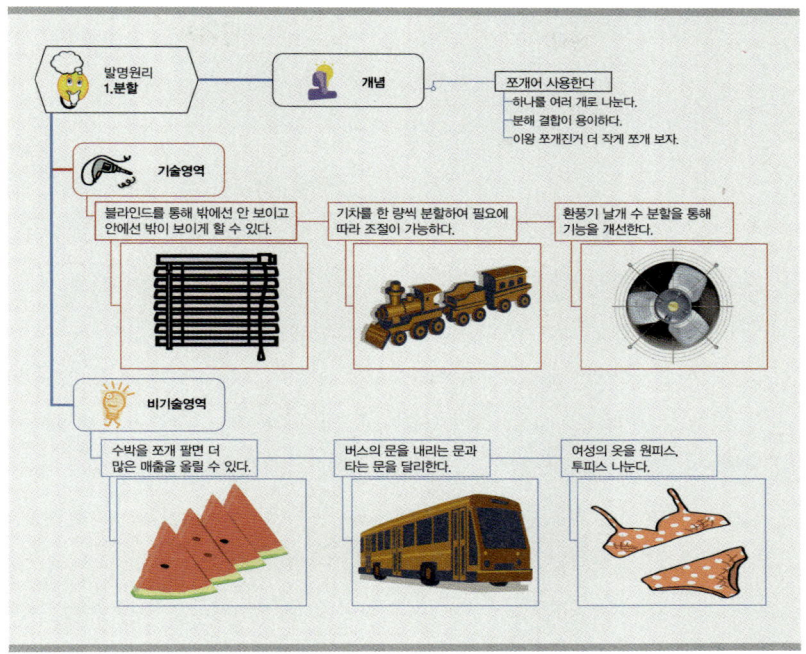

인드의 각도를 조절하여 안에서는 밖을 볼 수 있지만 밖에서는 안을 보지 못하게 할 수도 있다.

　분할의 원리는 하나를 단순히 여러 개로 나누는 방법, 분해·조립을 목적으로 나누는 방법, 그리고 분할의 정도를 더욱 심화시키는 방법이 있다.

　비기술적인 예를 보면 학교에서 반별로 나누어 수업을 진행하거나, 국가의 행정구역을 분리하는 것 등을 생각해볼 수 있다.

　옛 속담에 '백지장도 맞들면 낫다'라는 말이 있다. 서로가 함께 행복을 나누고, 슬픔을 나누며 어우러지는 세상 역시 분할의 원리로 설명할 수 있다.

1번 분할의 원리에서 모순찾기

● 커튼과 블라인드

　발명원리가 적용되는 사례를 찾아내는 것보다 문제 해결을 위해 어떠한 모순이 어떻게 해결되었는지를 찾아내는 것이 더 중요하다. 트리즈가 모순을 해결하는 이론이기 때문에 단순히 발명원리가 적용되는 사례에 집중하는 것은 문제 해결에 큰 도움이 되지 않기 때문이다.

　1번 발명원리는 분할이다. 분할의 원리를 설명하기 위해 앞에서 '블라인드'를 해결 사례로서 제시하였다. 그렇다면 '블라인드'는 어떠한 모순을 해결한 것일까?

　먼저 블라인드 이전에는 무엇이 블라인드의 역할을 하고 있었는지 생각해보아야 한다. 블라인드 이전에 사용된 것이 '커튼'이라는 것은 별도의 설명이 없이도 바로 알 수 있을 것이다. 그렇다면 커튼의 어떠한 문제 때문에 블라인드가 나타나게 되었을까?

　싱그러운 아침, 잠에서 깨어나는 상상을 해보자. 따사로운 햇살을 맘껏 받기 위해 창문의 커튼을 활짝 젖히고 싶다. 하지만, 몸에 걸친 것이라곤 달랑 속옷뿐. 그런 차림으로 창가를 서성대다가는 사람들의 구경거리가 되기 십상일 것이다. 생각이 여기까지 미치게 되면 햇살 받는 것은 포기할 수밖에 없다. 아니면 커튼을 조금만 열어두거나.

모순에 대한 문제를 많이 풀어본 사람이라면 이런 상황에서 모순이 무엇인지 쉽게 찾아낼 수 있을 것이다. 모순은 '햇살을 받기 위해서는 커튼을 활짝 열어야 한다. 그러나 외부인의 시선을 차단하기 위해서는 커튼을 닫아야 한다'이다. 좀 더 함축적으로 정리해보면 모순은 '커튼은 있어야 하고, 없어야 한다'라는 문장으로 정리할 수 있다.

이 모순을 해결하기 위해 1번 발명원리인 분할의 원리를 이용하여 블라인드 혹은 버티컬을 만들어내게 된 것이다.

● **바게뜨 빵**

바게뜨 빵을 잘라 먹는 것에서도 모순을 찾아볼 수 있다. 바게뜨 빵은 크기가 커서 한 사람이 먹을 수가 없다. 하지만 바게뜨 빵을 작게 만든다면 딱딱한 외피층이 두꺼워져 바게뜨의 부드러운 속살을 맛볼 수가 없을 것이다. 따라서 바게뜨 빵은 크기도 하고 작기도 해야 한다는 모순을 가지게 된다. 이 모순을 해결하는 방법도 1번 분할의 원리가 적용된다. 빵을 크게 만들어서 작은 크기로 잘라서 먹으면 모순을 해결할 수 있다.

발명원리02
추출(Extraction)

추출의 원리는 필요한 것만 뽑아내어 사용하거나, 필요 없는 것만 뽑아내어 제거하는 원리이다. 1번 분할의 원리와 비슷한 개념으로 생각할 수도 있지만, 분할의 원리에서는 분할만 할 뿐 제거의 개념은 없고, 2번 추출의 원리에서는 필요 없는 것은 제거한다는 개념이 포함되어 있다.

그림에서 보면 새를 쫓아내기 위해 허수아비 옆에 총소리가 나오는 스피커를 설치했다. 진짜로 총을 쏘게 된다면 위험하기도 하고, 비용도 많이 발생할 것이다. 단지 새를 쫓아내는 것이 목적이기 때문에, 스피커로 소리만 들려주는 것만으로도 새를 쫓아내는 목적을 달성할 수 있다.

원유를 정제하여 경유와 휘발유를 뽑아내거나, 컴퓨터에서 하드디스크만을 분

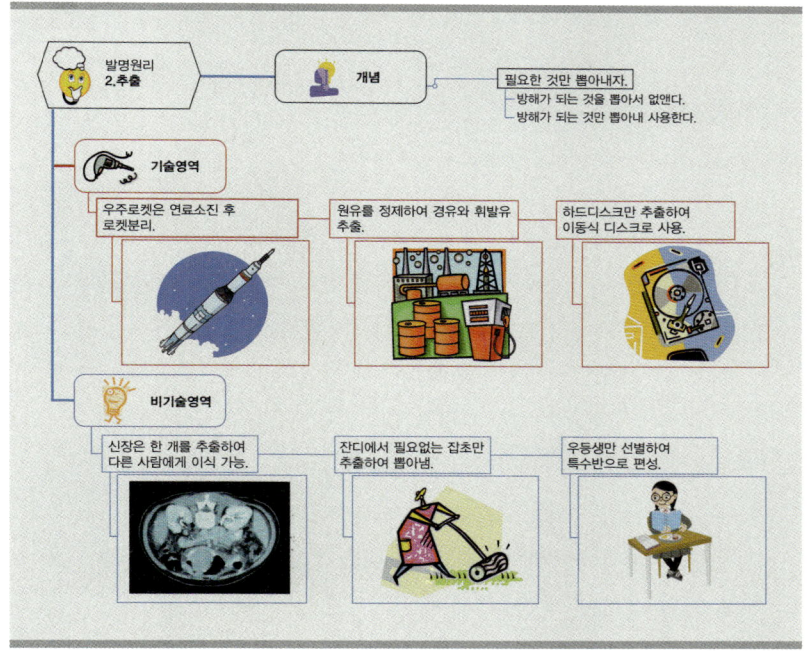

리하여 이동식 디스크로 사용하는 것 역시 추출의 원리가 적용된 것이다.

비기술적인 예를 보면, 전투력이 높은 병사들만 선별하여 특공대를 만들어 특수임무를 수행하게 하거나, 할머니 머리에서 흰머리를 뽑아내는 것 등이 추출의 원리가 적용된 것이다. 아버지가 자식에게 자주 하는 '열심히 공부하여 꼭 필요한 사람이 되어야 한다'라는 말씀 역시 추출의 원리가 적용된 것에 해당한다.

2번 추출의 원리에서 모순 찾기

● 참새와 허수아비

추출의 원리는 필요한 것만 뽑아내는 원리이다. 2번의 원리를 설명하는 앞의 그림에는 가을 추수 전에 참새를 쫓아내기 위해 총소리를 이용하는 모습이 그려져 있다. 총소리를 이용한 것은 허수아비만으로는 참새를 쫓아내기 어렵기 때문에 좀 더 효과적인 방법으로 찾아낸 것이다.

총소리를 이용하기 이전의 단계에서는 사람이 직접 총을 들고 참새를 쫓는 모습을 생각해볼 수 있다. 하지만, 살상무기인 총을 이용하는 것은 감수하여야 할 위험이 너무 크다. 그리고 항상 사람이 총을 들고서 논을 지키고 있어야 하기 때문에 새를 쫓는 사람도 무척 힘이 들 것이다.

따라서 총을 쏘는 것은 참새를 쫓는 매우 효과적인 방법이지만, 매우 큰 위험과 부담도 감수하여야 한다. 여기까지 생각을 하였다면, 모순이 눈에 보일 것이다. 모순은 바로 '총을 쏘아야 하지만, 총을 쏘아서는 안 된다'이다. 이 모순을 해결한 것이 바로 추출의 원리이다. 총을 쏘지 말고 총 소리만 녹음(추출)하여 들려주면, 위험을 감수하지 않고서도 총을 쏘는 효과를 가져올 수 있다.

● **신입사원 선발**

회사에서 신입사원을 선발하거나 대학에서 신입생을 모집할 때, 일정한 시험을 거쳐 성적이 우수한 사람을 선정한다. 하지만 최근에는 시험 성적 외에도, 면접이나 워크숍 등을 통해 회사의 비전과 이념에 가장 부합하는 인재를 선발하기도 한다. 인력을 선발하는 가장 일반화된 방법인 공개채용 방법은 기존의 모순을 해결하기 위해 도입된 방법이다.

공개채용 이전의 선발 방법은 어떠하였을까? 사업주와 혈연관계에 있는 사람을 채용하거나, 지인을 통해 소개 받는 방법 등을 사용할 수밖에 없었을 것이다. 이런 방식으로 사람을 채용하는 데 있어서의 모순은 '새로운 사람을 채용해야 하지만 맘이 맞지 않는 사람은 채용할 필요가 없다'이다. 즉, '사람을 채용해야 하고, 채용해서는 안 된다'는 모순을 찾을 수 있다. 이 모순의 해결에는 추출의 원리가 적용된다. 회사의 이념에 가장 부합하는 사람을 선발하기 위해 여기에 해당되는지의 여부를 시험을 통해 확인하고, 채용을 결정하면 된다.

발명원리03
국부적 품질(Local Quality)

'국부적 품질'의 원리는 전체 중 일부만 변형시키거나 개조하여 전체 기능은 손상시키지 않으면서 유용한 기능을 추가하거나 전체의 기능을 보강하는 원리이다.

이 원리는 '전체를 무조건 똑같이 할 필요는 없다'라는 개념에서 출발한다. 그림에서 보는 것은 담벼락에 뚫어놓은 개구멍이다. 개를 위해 사람이 일일이 문을 열어줄 수 없으니, 개가 알아서 드나들 수 있도록 개구멍을 만들어놓은 것이다. 이와 비슷한 예로 아파트의 문에 구멍을 뚫어 만든 감시창을 들 수 있다.

손목시계의 날짜 부분에 돋보기를 설치하여 숫자 부분을 확대하는 것이나, 초콜릿 표면을 코팅하여 잘 녹지 않는 초코볼을 만드는 것도 비슷한 개념으로 설명할 수 있는데, 모두 국부적 품질의 원리가 적용된 예이다. 비기술적인 것으로는

발라드 곡에 락을 삽입하여 새로운 느낌의 노래를 만들거나, 지하철의 객차 별로 냉난방 온도를 다르게 하는 것 등이 있다.

국부적 품질 원리에 있어 가장 중요한 것은 전체의 기능에 손상을 주지 않아야 한다는 점이다. 담벼락에 개구멍을 뚫는 것은 요즘에는 적용할 수 없는 방법이다. 도둑을 막지 못하는 결과를 낳기 때문이다. 아파트 문의 우유 투입구 역시 처음에는 국부적 품질 원리에 부합하는 것이었으나, 이 구멍을 이용하여 도둑이 침입하게 된다면 문 고유의 기능에 손상을 입히게 되므로 의미가 없어지게 된다.

작은 이익에 연연하여 전체를 보지 못하고 결국 더 큰 손해를 입게 되는 경우가 많다. 국부적 품질의 원리는 이러한 우를 범하지 않는 선에서 적용되어야 한다.

3번 국부적 품질의 원리에서 모순 찾기

● **아파트 문과 감시창**

집에 누군가가 찾아와 문을 두드리면 문을 열어 누가 왔는지를 확인해야 한다. 그런데 흉흉한 세상이다 보니 문을 열어 상대방을 확인하는 것이 꺼려진다. 그래서 문을 열지 않고도 밖에 있는 사람이 누구인지 확인하는 방법을 생각하게 된다.

상대방을 확인하기 위해서는 문을 열어야 하고, 사고를 예방하기 위해서는 문을 닫아야 한다. 여기에서 모순을 찾는 것은 간단하다. '문은 있기도 하고 없기도 해야 한다'는 것이 모순이다. 이 모순을 해결하기 위해서 문에 구멍을 뚫어 감시창을 만들게 되면 문을 열지 않고서도 문 밖에 있는 사람이 누구인지를 확인할 수 있다. 아파트 문 전체를 바꿀 필요 없이 일부분만 변형하여도 이 모순을 쉽게 해결할 수가 있다. 담벼락에 뚫어 놓은 개구멍도 국부적 품질의 원리를 이용하여 모순을 해결한 예이다.

● **손목시계와 돋보기**

어떤 손목시계에서는 날짜와 요일이 표시되는 숫자판을 볼 수 있다. 그런데 손목시계 숫자판 위에 있는 날짜와 요일을 눈이 나쁜 사람은 확인하기가 쉽지 않다. 이 문제를 해결하기 위해 먼저 모순을 찾아보자. 글씨가 잘 보이기 위해서는 시계가 크거나 글씨가 커야 한다. 하지만 시계를 손목에 차기 위해서는 시계 크기가 작아야 하고 글씨도 작을 수밖에 없다. 따라서 시계의 크기 자체를 문제로 생각할 수도 있고 글씨만을 문제로 생각해볼 수도 있다.

결국 '<u>시계는 크기도 하고 작기도 해야 한다</u>'는 모순을 도출하거나, '<u>글씨는 크기도 하고 작기도 해야 한다</u>'는 모순을 도출할 수 있다. 이러한 모순을 동시에 해결하기 위해서는 시계의 크기를 변화시키지 않으면서도 글씨를 크게 볼 수 있는 방법을 찾으면 된다. 이런 모순 찾기를 통해서 '글씨가 있는 부분만 돋보기로 만들어 글씨를 확대하는 방법'을 찾은 것이다.

● 발라드와 락

이번엔 비기술적 문제를 살펴보자. 본인이 발라드 가수라고 생각해보자. 발라드 가수는 가창력으로 승부해야 하는데, 발라드 계에는 성시경·박정현·아이유 등의 뛰어난 가수들이 너무 많아 성공하기 힘들다. 그렇다고 해서 댄스 가수로 전향한다면 노래에는 어느 정도 경쟁력이 있지만 댄스에는 소질도 없고 예능감도 떨어지기 때문에 댄스 가수로 성공하는 건 쉬운 일이 아니다. 또 내가 부르고 싶고, 성공할 수 있는 분야는 발라드이기 때문에 발라드를 포기하고 싶지도 않다.

발라드를 불러 성공하고 싶지만 쟁쟁한 경쟁자 때문에 성공하기가 쉽지 않고, 댄스에는 소질이 없고 댄스 곡은 하고 싶은 노래도 아니기 때문에 댄스 가수로도 성공하기 어렵다. 결국 '<u>발라드 노래를 불러야 하지만, 발라드 노래를 불러서는 안 된다</u>'는 모순을 찾을 수가 있다. 여기에 국부적 품질의 원리를 적용하여, 전체적으로는 발라드 노래이지만 노래 일부에 댄스나 락 음악을 삽입하여 노래를 만든다면 발라드이면서도 댄스 느낌이 나는 노래를 만들 수가 있다.

발명원리04
비대칭(Asymmetry)

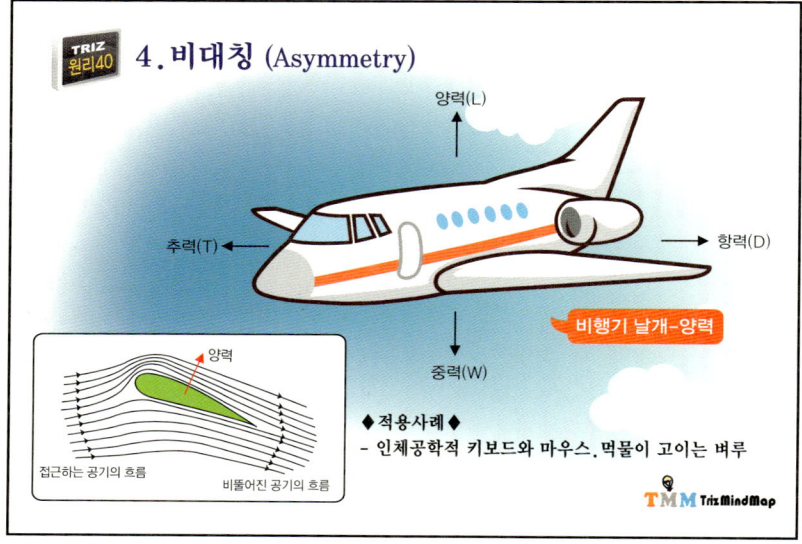

"무엇이 무엇이 똑같을까? 젓가락 두 짝이 똑같아요." 어렸을 때 즐겨 부르던 동요이다. 이 동요에서처럼 젓가락 두 짝은 똑같다. 하지만 젓가락 두 짝이 다를 수는 없을까? 젓가락 두 짝을 다르게 만들어 보면 어떨까? 젓가락도 엄지에 끼는 것과 중지와 약지 사이에 끼는 것을 따로 만들면 젓가락질에 익숙하지 않은 아이들이 젓가락 잡는 법을 쉽게 익힐 수 있는 젓가락을 만들 수 있다.

그림에서 보는 비행기의 날개도 비대칭의 원리가 적용된 것이다. 비행기의 날개는 아랫면은 평평하고 윗면은 볼록한 모습으로, 비대칭을 이루고 있다. 비행기가 움직이면 날개 위쪽의 공기 흐름이 빨라지면서 압력이 낮아지게 되어 양력이 생기게 되고, 비행기는 이 양력에 의해 날아갈 수 있다.

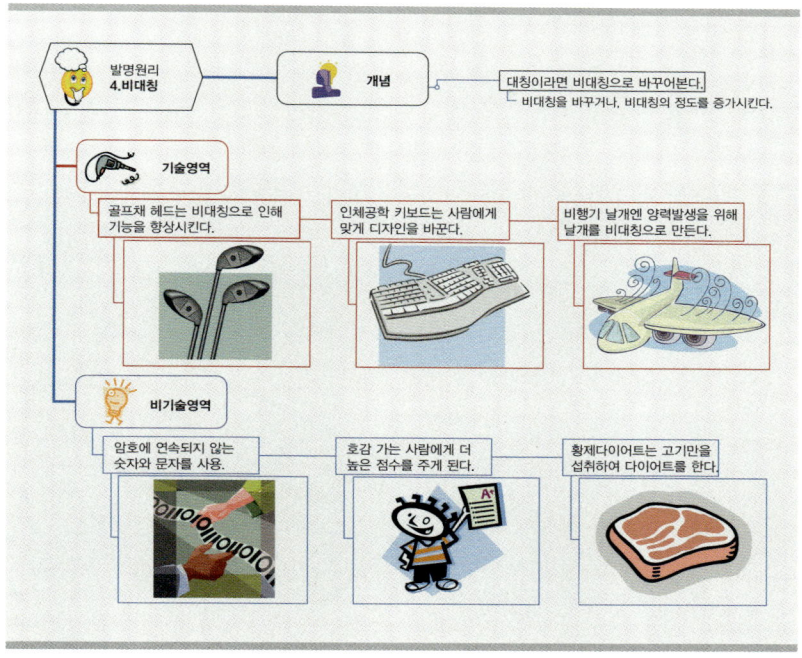

비기술적인 예로는 연속적이지 않는 숫자와 문자를 이용하여 암호를 만들거나, 면접을 볼 때 호감이 가는 사람에게 더 높은 점수를 주게 되는 경우를 들 수 있다.

살다 보면 세상이 그렇게 공평하게만 느껴지지는 않을 것이다. 어떤 때에는 손해를 보기도 하고, 어떤 때에는 이득을 보기도 한다. 또 비슷한 환경에서 살아왔지만 어떤 사람은 성공하고 어떤 사람은 실패한다. 이처럼 우리의 인생은 그 자체로 비대칭적이라고 할 수 있다.

4번 비대칭의 원리에서 모순 찾기

● 비행기의 양력

앞에서 비대칭 원리를 설명하면서 비행기의 날개를 예로 들었다. 보통은 비행기를 최초로 발명한 사람을 라이트 형제라고 알고 있다. 하지만 좀 더 정확하게 표현하면 라이트 형제는 이전의 비행기를 자체 동력에 의한 비행기로 발전시킨 사람이다. 양력이론에 의해 현재의 날개 형상(에어포일)을 개발한 사람은 프랑스의 알폰스 페노Alphonse Penaud이고, 이 이론을 이용하여 실제로 비행기(유인 글라이더)를 만들어 2,000회의 비행 기록을 남긴 인물은 독일의 오토 릴리엔탈Otto Lilienthal이다.

이들이 비행기 날개를 제작하기 위해 이용한 과학의 원리는 베르누이 원리와 뉴턴 제3법칙이다. 이 원리에 의하면 비행기 날개의 위쪽에는 빠른 공기흐름이 있고 아래쪽에는 느린 공기흐름이 있어, 이 공기흐름의 차이에 의해 힘이 생기고, 이 힘을 이용하여 비행기가 하늘을 날 수 있는 것이다.

그런데 비행기의 날개가 바람을 가르며 지나가기 위해서는 유선형을 유지하고 있어야 한다. 유선형은 유체나 기체 속에서 저항을 최소화하는 형상으로서, 앞부분은 곡선으로 하고 뒷부분은 날렵하게 하여 소용돌이 현상을 방지해야 한다. 그런데 공기흐름이 좋은 유선형의 날개는 양력을 얻을 수 없기 때문에 하늘을 날 수가 없다.

<u>따라서, 비행기의 날개는 유선형이어야 하지만, 유선형이어서는 안 된다</u>

는 모순이 발생한다. 이 모순은 아래쪽과 위쪽을 서로 다르게 구성하는 비대칭의 원리를 이용하여 해결할 수 있다. 날개의 위쪽을 아래쪽보다 불룩하게 구성하면, 전체적으로는 유선형을 유지하면서도 날개 위쪽의 공기흐름을 빠르게 할 수 있기 때문에 양력을 얻는 데도 문제가 없다.

● 젓가락 두 짝이 똑같아요

우리가 자주 사용하는 젓가락에도 비대칭의 원리를 적용시킬 수 있다. 밥 먹는 모습을 유심히 지켜보면, 젓가락질을 제대로 못하는 사람들이 의외로 많다는 것을 알 수 있다. 젓가락은 두 개가 똑같기 때문에 젓가락질을 쉽게 배울 수 없다.

'젓가락은 분명 두 개가 똑같아야 한다. 하지만 젓가락이 똑같으면 젓가락질을 제대로 배우기가 쉽지 않다'는 모순을 찾을 수 있다. 이 모순은 왼쪽 그림과 같이 엄지용 젓가락과 검지용 젓가락을 서로 다르게 만들어 쉽게 해결할 수 있다.

발명원리 05
통합(Consolidation)

발명원리의 첫 번째 항목이 분할이었다. 그렇다면 분할의 정반대 개념은 무엇일까? 바로 통합이다. 통합은 동일하거나 유사한 것을 하나로 만드는 것이다. 통합의 원리를 적용한다는 것은 두 개 중 하나를 버리고 하나만 쓰는 것이 아니라, 두 개를 합쳐서 사용하든가 아니면 두 개를 동시에 사용하는 것을 말한다. 하나만 써도 충분하다면 그것은 통합의 원리를 적용할 필요가 없다. 통합은 공간적으로 통합하는 방법과 시간적으로 통합하는 방법이 있다.

그림에 보는 것은 4색볼펜이다. 4색볼펜은 네 가지 볼펜을 한 공간에 모아놓은 것으로, 공간적으로 통합한 것이다. 스팀청소기와 진공청소기를 결합한 진공스팀청소기 역시 청소기가 작용하는 공간을 통합한 공간 통합의 예라고 할 수 있다.

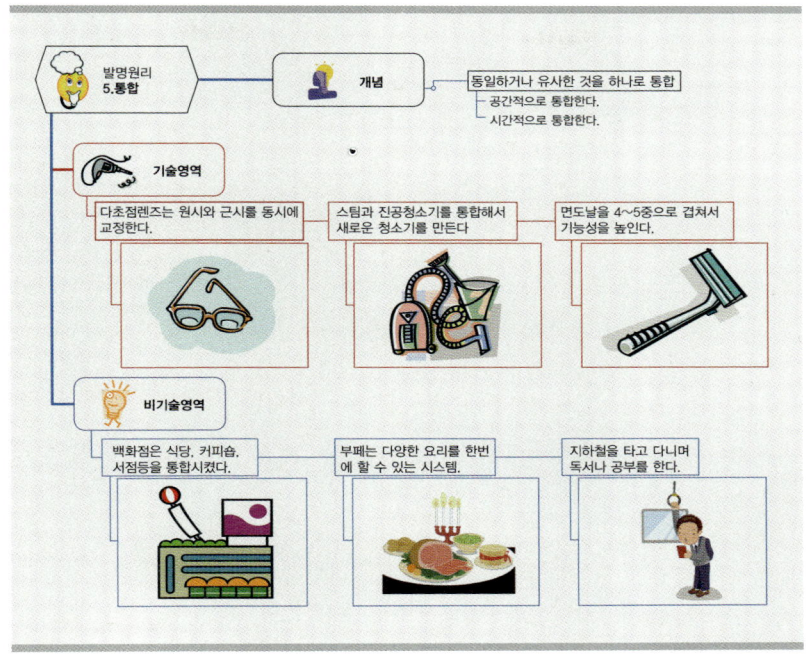

　시간의 통합은 작용 시간을 통합하는 것을 말한다. 폴라로이드 즉석카메라는 촬영-현상-인화를 한꺼번에 해결한 시간 통합의 좋은 예이다. 비듬치료용 샴푸도 머리를 감기만 하면 비듬 치료까지 할 수 있기 때문에 시간 통합에 해당한다. 비기술적 통합의 예로는 사적 공간을 통합한 원룸형 오피스텔과 식당·커피숍·서점 등의 판매 공간을 통합한 백화점 등이 있다. 식당에서 에피타이저부터 메인디쉬 그리고 디저트까지 한 번에 즐길 수 있는 풀코스 요리도 시간 통합의 예이다.

　인터넷에서 활동하는 파워 블로거를 부러워하는 사람이 많다. 그들을 부러워하는 이유는 자기가 좋아하는 취미활동이 직업이 되었기 때문이다. 이것 또한 통합의 예이다.

5번 통합의 원리에서 모순 찾기

● **4색 볼펜**

노트 필기를 할 때에는 보통 검정색 볼펜을 사용한다. 그러다가 중요하다고 생각되는 부분은 빨강색 볼펜이나 파란색 볼펜을 사용한다. 그런데 이렇게 색깔 별로 펜을 가지고 다니게 되면 사용할 때마다 필통에서 꺼내써야 하는 번거로움이 있고, 또 여러 가지 색의 볼펜을 가지고 다니다 보면 어떤 색 볼펜은 잃어버리는 경우도 발생한다.

볼펜은 분명 하나만 가지고 다니는 것이 번거롭지도 않고 관리하기도 편리하다. 하지만, 볼펜이 하나뿐이면 다양한 색깔을 이용할 수 없기 때문에 색깔 별로 가지고 있어야 한다.

결국 '<u>볼펜은 하나만 있어야 하기도 하고 여러 개가 있어야 하기도 한다</u>'라는 모순을 찾을 수 있다. 볼펜이 하나이면서도 여러 개여야 하는 모순은 여러 개의 볼펜을 통합한 4색 볼펜으로 해결할 수 있다.

● **다중날 면도기**

통합의 원리를 이용하여 한 가지 문제를 더 해결해보자. 남자들이 아침마다 사용하는 면도기가 있다. 이 면도기에서는 어떠한 모순을 찾을 수 있을까? 누구에게나 아침시간은 매우 바쁜 시간이다. 그렇기 때문에 여유롭게 면도하기가 어렵다. 하지만 급하게 서두르다 보면 얼굴에 상처를 낼 수 있다.

안전하게 면도하기 위하여 전기면도기를 쓸 수도 있지만, 전기면도기는 면도칼만큼 깔끔하게 면도가 되지 않고 개운하지도 않기 때문에 수염이 많은 사람은 면도칼을 더 선호하게 된다. 그렇다면, 면도칼을 이용하여 면도를 할 때 빠르면서도 안전하게 할 수 있는 방법은 없을까?

먼저 면도날을 이용한 면도기에서 모순을 찾아보자. 아침시간에는 바쁘기 때문에 면도를 빨리 끝내야 한다. 하지만 면도를 급하게 하면 얼굴에 상처를 입을 수 있기 때문에 빨리 해서는 안 된다. 즉, '면도를 빨리 해야 하지만 빨리 해서는 안 된다'라는 모순을 찾을 수 있다.

이 모순을 해결하기 위해서는 면도질을 한 번만 해도 여러 번 한 것과 같은 효과를 얻을 수 있는 방법, 즉 면도를 천천히 하면서도 빨리 할 수 있는 방법을 찾아야 한다. 통합의 원리를 이용하여 면도날을 두 개 혹은 세 개를 겹쳐서 사용한다면 면도질 한 번에 여러 번을 한 것과 같은 효과를 얻을 수 있다.

발명원리 06
다용도(Multifunction)

　다용도 원리는 한 가지 물체로 여러 가지 다른 기능을 수행하는 원리이다. 다용도와 통합을 비슷한 개념으로 생각할 수도 있겠지만, 서로 다른 개념이다. 통합은 동일하거나 유사한 기능을 하나로 묶는 것이고, 다용도는 한 가지 물건을 여러 용도로 사용하는 것을 말한다. 최근에는 디지털 기술의 발달로 다용도 원리의 적용 범위가 점점 늘어나고 있다.
　그림에 있는 것은 스마트폰이다. 스마트폰은 전화기라는 고유 기능 이외에도, 컴퓨터·MP3·카메라·TV의 기능을 수행할 수 있다. 사무복합기는 전화·팩스·프린터·복사기·스캐너의 기능을 수행할 수 있다. 비행기 날개는 양력을 일으키는 용도 이외에 연료탱크로서 활용된다. 앞에서 언급한 것처럼 디지털 기술의 발달로

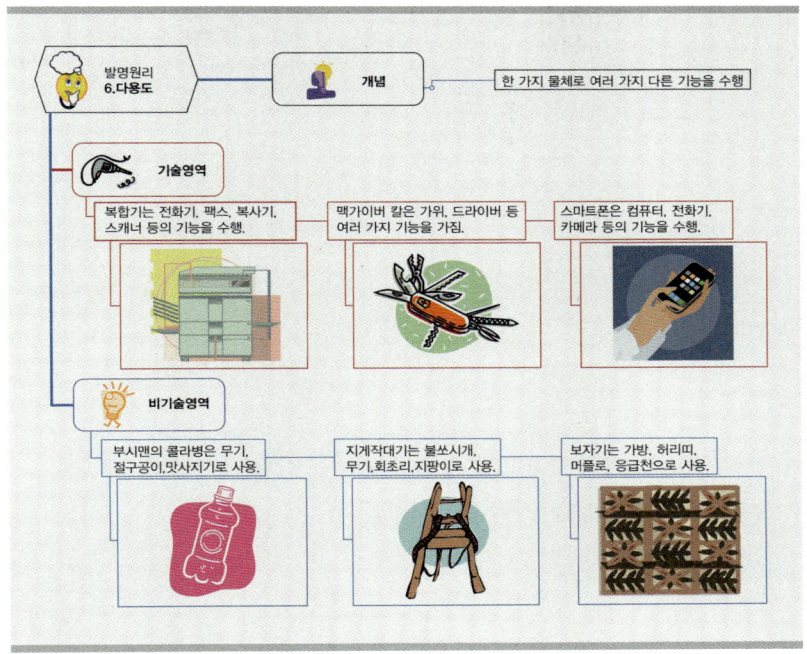

인해 이러한 다용도 원리의 적용은 더욱 가속화될 것으로 전망된다.

 비기술적인 예로는 〈부시맨〉이란 영화에 등장한 콜라병을 들 수 있다. 부시맨은 콜라병을 절구공이·맛사지기·떡판·금형·무기 등으로 활용한다. 예전에 농촌에서 많이 썼던 지게작대기는 지팡이·불쏘시개·호신용무기·회초리 등, 다용도로 사용되었다.

 레오나르도 다빈치는 인류의 위대한 발명가 중 한 명이다. 다빈치는 르네상스 시대의 유럽을 대표하는 미술가이자 사상가이며 과학자이자 발명가였다. 천재 레오나르도 다빈치는 여섯 번째 다용도의 원리를 몸으로 보여준 다재 다능한 사람이었다.

6번 다용도의 원리에서 모순 찾기

● **스마트폰**

다용도와 통합의 차이점이 무엇인지는 앞에서 설명하였다. 동일하거나 유사한 기능을 합쳐 본래의 기능을 좀 더 개선하는 것이 통합이라면, 다용도는 서로 다른 여러 기능을 하나로 합쳐 여러 가지 용도로 사용하는 것을 의미한다.

이 다용도의 원리를 설명할 수 있는 대표적인 것이 바로 스마트폰이다. 스마트폰은 어떠한 모순을 해결한 것일까? 모순 찾는 작업을 따로 하지 않아도 스마트폰이 전화기·카메라·문자전송기·MP3·신용카드·인터넷단말기·컴퓨터 등의 역할을 하고 있다는 것은 잘 알고 있을 것이다. 사람이 이러한 전자기기들을 따로따로 가지고 다닌다면 매우 커다란 가방이 필요할 것이다.

사람들은 간편하게 휴대폰만 갖고 다니고 싶어하지만, 카메라·MP3·인터넷단말기 등도 모두 휴대하고 싶어한다. 여기에서 '여러 가지 전자기기를 모두 휴대하고 싶지만, 모두 휴대할 수 없다'라는 모순을 찾을 수 있다. 이러한 모순을 단번에 해결해주는 것이 바로 스마트폰이다. 스마트폰 하나로 전화기·카메라·문자전송기·MP3·신용카드·캠코더·인터넷단말기·컴퓨터 등의 기능을 모두 수행할 수 있기 때문이다.

● A 프레임과 지게

　다용도 원리의 좀 더 쉬운 예를 찾아보도록 하자. 옛날 우리 선조들은 지게라는 운송도구를 이용하였다. 지게는 우리나라 고유의 운반도구로서, 한국 전쟁 당시에 한국 민간인들이 탄약과 식량을 지게로 나르는 모습을 보고 미군들은 그 실용성과 유용성에 격찬을 보냈고, 지게를 'A 프레임'이라고 불렀다.

　그런데 이 지게는 혼자서는 서 있을 수가 없기 때문에 받침대가 있어야 하고, 지게에 무거운 짐을 지고 일어설 때 몸을 지탱할 수 있는 지팡이도 필요하다. 그리고 이동 중에도 중심을 잃지 않기 위해서는 지팡이가 필요하고, 늦은 밤 산길을 걸어갈 때 들짐승을 만나게 되면 몸을 지켜줄 무기도 필요하다. 그런데 이 모든 도구를 다 가지고 다닌다면, 지게보다도 더 무거울 것이다. 이와 같은 문제를 단번에 해결해준 것이 바로 '지게작대기'이다.

　얼마 전, 인터넷 검색을 하다가 아주 얇은 컴퓨터인 맥북에어$^{MacBook-Air}$로 빵을 썰어 먹는 사진을 본 적이 있다. 과장되고 해학적인 장면이었지만, 고정된 관점에서 벗어나 컴퓨터를 새로운 방식으로 바라보았다고 할 수 있다. 이 역시 다용도의 원리를 적용한 것이라고 할 수 있다.

발명원리 07
포개기(Nesting)

러시아의 마트로쉬카Matryo Shka 인형에는 큰 인형 속에 작은 인형이 있고, 그 작은 인형 속에 그보다 더 작은 인형이 들어 있으며 마지막에는 손톱보다도 작은 인형이 들어 있다. 마트로쉬카 인형은 포개기 원리가 적용된 전형적인 예이다. 포개기 원리는 한 물체 속에 다른 물체를 집어넣는 원리이다. 포개기의 원리를 적용하여 빈 공간을 찾아 그 속에 다른 것을 집어넣어 부피를 줄이거나 다른 기능을 추가할 수가 있다.

안테나·카메라삼발이·유압실린더 등은 포개기를 통해 부피를 줄인 예이다. 또 비행기의 바퀴는 비행 중에 동체 안으로 집어넣어 공기저항을 줄일 수 있다. CD 재생기도 컴퓨터 안으로 집어넣어 저장 기능과 CD재생기 기능을 동시에 수행하

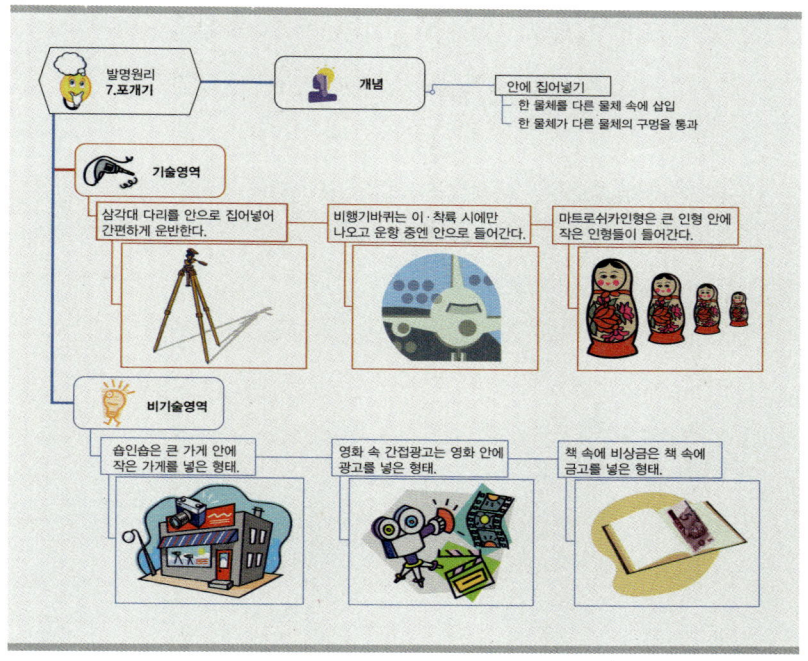

게 할 수 있다.

   비기술적인 예로는 가게 속의 가게인 숍인숍을 들 수 있다. 이외에도 자사 광고 속에 계열사 제품을 소품으로 사용하거나, 소설 속에 또 하나의 소설이 들어가 있는 액자소설도 포개기 원리가 적용된 예라고 할 수 있다.

7번 포개기의 원리에서 모순 찾기

● **마트로쉬카 인형**

러시아 민속공예품 중에 마트로쉬카라는 목각인형이 있다. 이 인형은 하나의 나무인형 속에 작은 인형을 차례로 포개넣어 만든 인형으로, 다산을 상징한다고 한다. '마트로쉬카'는 어머니라는 뜻의 '마티'에서   유래되었다고 한다. 크기에 따라 인형의 개수가 많고 적을 수 있겠지만, 마트로쉬카는 보통 5~6개로 구성되는 것이 일반적이라고 한다.

어느 나라나 그렇듯이 100여 년 전의 러시아에서도 한 집에 5~6명 정도의 아이들은 있었을 것이다. 이 아이들에게 인형을 하나만 사주면 서로 먼저 갖고 놀겠다며 싸울 것이고, 그렇다고 해서 아이들 모두에게 인형을 사주는 것은 형편상 힘들었을 것이다. 경제적으로 부담이 안 되면서도 아이들 모두를 만족시킬 방법은 무엇이었을까?

이런 상황에서 나온 것이 바로 마트로쉬카 목각인형이었다. <u>마트로쉬카 인형은 1개이면서도 5개가 되어야 하는 모순</u>을 극복하였고, 이에 따라 온 국민의 사랑을 받게 되었던 것이다.

● 쇼핑 카트

여러 개가 하나로 겹쳐지는 예는 우리 주변에서 쉽게 찾아볼 수 있다.

대형 마트에 가면 쇼핑 카트가 있다. 마트에서는 이 쇼핑 카트를 가능하면 크게 만들려고 할 것이다.

사람들은 심리적으로 카트를 채우고자 하는 욕망이 있기 때문에 쇼핑 카트가 크면 클수록 물건을 많이 사게 될 것이기 때문이다. 하지만 쇼핑 카트가 크면 여러 가지 문제가 발생한다. 카트가 쇼핑 공간을 많이 차지할 것이고, 또 그만큼 관리 인력과 비용도 늘어날 것이다.

따라서, '카트는 크면서도 작아야 한다'는 모순이 발생한다. 즉, 고객이 쇼핑을 할 때는 커졌다가, 쇼핑을 마친 후에는 작아지는 카트를 만들어야 한다. 이러한 모순을 해결한 것이 우리가 현재 사용하고 있는 포갤 수 있는 쇼핑 카트이다.

발명**원리**08
공중부양/균형추(Counterweight)

여덟 번째 발명원리는 공중부양 원리 혹은 균형추 원리이다. '무협액션 영화도 아닌데, 왠 공중부양?' 하시는 분이 있을지도 모르겠다. 공중부양의 기본 개념은 '지구 중력을 이겨낸다는 것을 의미'한다. 중력의 반대 방향으로 물건을 들어올리는 것을 생각하면 된다. 그런데 들어올리는 방법에도 여러 가지 과학이론이 적용된다. 비행기에는 양력, 배에는 부력, 자기부상열차에는 자기장, 놀이기구에는 원심력, 호버크래프트에는 압력의 차이, 시소에는 중력(균형추), 크레인에는 유압, 그리고 사람이 가방을 드는 것에는 근력이 이용된다.

공중부양 원리의 비기술적인 예를 찾기 위해서는 어떠한 것을 중력과 같은 것으로 볼 것인지를 판단하는 것이 핵심이다. 중력과 같이 전체적으로 널리 퍼져있

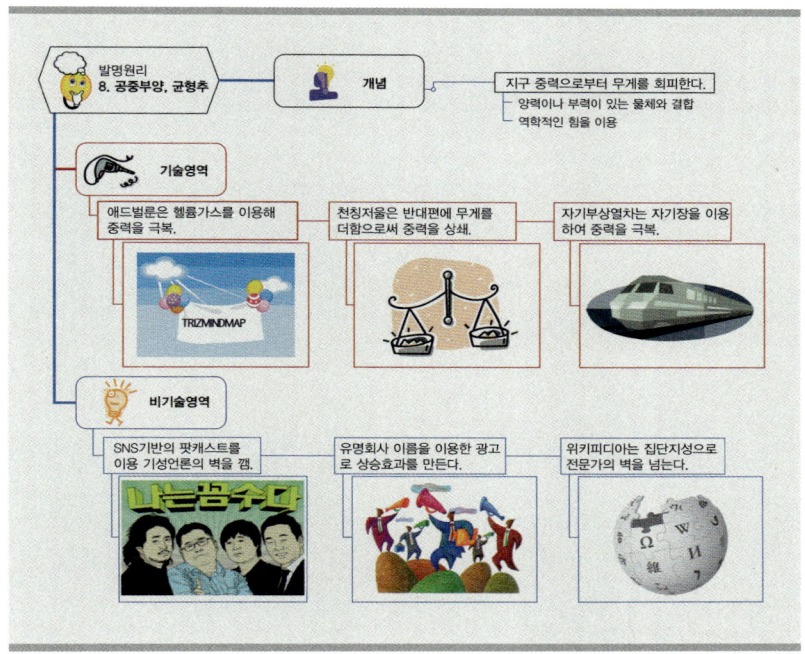

는 힘을 한번 생각해보자. 우리 사회에서는 '학력의 벽', '선입관의 벽', '대기업의 벽', '기득권 세력의 벽', '재력의 벽' 등을 중력에 대비하여 생각해볼 수 있다.

고대 시대에는 중력을 이겨내는 근력의 힘이 센 사람이 세상을 지배했고, 중세 시대에는 사람을 얻는 사람이 세상을 지배하였으며, 산업혁명 이후에는 부를 가진 사람이 세상을 지배했다. 그렇다면 앞으로는 어떤 사람이 세상을 지배할 것인가? 아마도 지식과 창의력을 가진 사람이 세상을 지배하게 될 것이다.

8번 공중부양/균형추의 원리에서 모순 찾기

● 애드벌룬

공중부양의 원리는 중력을 회피하는 방법에 관한 것이다. 애드벌룬 Ad balloon 은 광고 문안을 적어 하늘에 띄워놓는 풍선으로, 발명원리 8번 공중부양의 원리가 적용된 예이다.

광고라는 것은 많은 사람들이 볼 수 있어야 효과가 있다. 따라서 광고물을 가능하면 높게 설치한다면 가시범위가 넓어져 많은 사람들이 볼 수 있을 것이다. 광고물을 높은 위치에 설치하는 방법에는 어떠한 것이 있을까?

우선 높은 빌딩에 광고판을 설치하는 방법을 생각해볼 수 있다. 하지만, 그 비용이 만만치가 않을 것이다. 게다가 이 광고물이 한시적인 것이라면 더욱 부적절한 방법이다. 그럼 육교에 플랜카드를 설치하는 방법은 어떨까? 이 방법은 가시거리가 확보되지 않아 많은 사람들이 보지 못하는 단점이 있다.

따라서, '광고물을 많은 사람들이 볼 수 있도록 높은 곳에 설치하여야 한다. 하지만, 비용과 설치의 어려움 때문에 높은 곳에 설치해서는 안 된다'는 모순이 도출된다. 이 모순을 한번에 해결해주는 방법이 바로 저렴한 비용으로 높은 곳에 설치할 수 있는 애드벌룬이다.

● 거중기의 원리

수원에 있는 수원화성박물관에 가면 다산 정약용 선생이 설계한 거중기가 실물 크기로 전시되어 있다. 거중기에는 위아래 각 네 개씩의 도르래가 연결되어 있다. 아래 도르래 밑으로 무거운 물건을 매단 뒤 얼레에 연

결된 끈을 돌림으로써 무거운 물건도 쉽게 올릴 수 있도록 하였다. 거중기를 이용하면 사람의 힘으로 7톤까지 들어 올릴 수 있다고 한다.

돌덩어리가 7톤의 무게라는 것은 중력의 힘이 7톤만큼 작용하고 있다는 말이다. 7톤이라는 무게는 사람의 힘만으로는 들어 올릴 수 없는 무게이다. 거중기는 도르래의 원리를 이용하여 중력을 극복했다. 지렛대도 중력을 극복하기 위해 만든 도구이다.

● 균형추

이번에는 중력을 이용하는 것에 대해 생각해보자. 중력을 이

용하는 대표적인 방법은 아마도 천칭저울일 것이다. 무게를 측정하고 싶은 물건을 저울의 한쪽 팔에 올려놓고, 반대편에는 균형추를 올려놓아 균형을 이루게 되면 물건의 무게를 알 수 있다.

발명원리 8번 공중부양/균형추의 원리는 중력을 극복하는 원리 그리고 중력을 이용하는 원리까지 연결하여 생각해볼 수 있다.

발명**원리**|09
사전반대조치(Preliminary Counter Action)

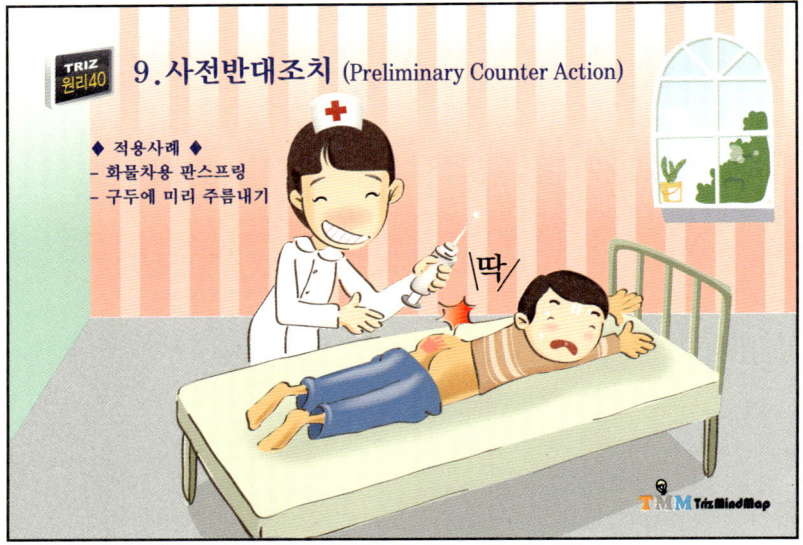

사전반대조치 원리를 처음 접한 분들은 그 뜻을 바로 이해하기가 쉽지는 않을 것이다. 또 10번 사전조치, 11번 사전보호조치 등과 구분하기도 쉽지 않을 것이다. 사전반대조치 원리의 포인트는 '유해한 작용을 피할 수가 없다는 것'이다. 피할 수 없는 유해한 작용을 최소화하기 위해서, 혹은 유해한 작용을 예정된 방향으로 유도하기 위하여 사전반대조치를 취하게 된다.

그림에서 보면 엉덩이에 주사를 놓을 때 간호사가 엉덩이를 찰싹 때리면서 주사를 놓고 있는데, 엉덩이를 때리는 것은 주사바늘이 들어가는 고통을 최소화하기 위한 사전반대조치이다. 주사바늘 없이 주사를 맞을 수 있다면, 간호사는 사전반대조치인 엉덩이 때리기를 하지 않아도 될 것이다. 그러나 주사바늘 없이 주사

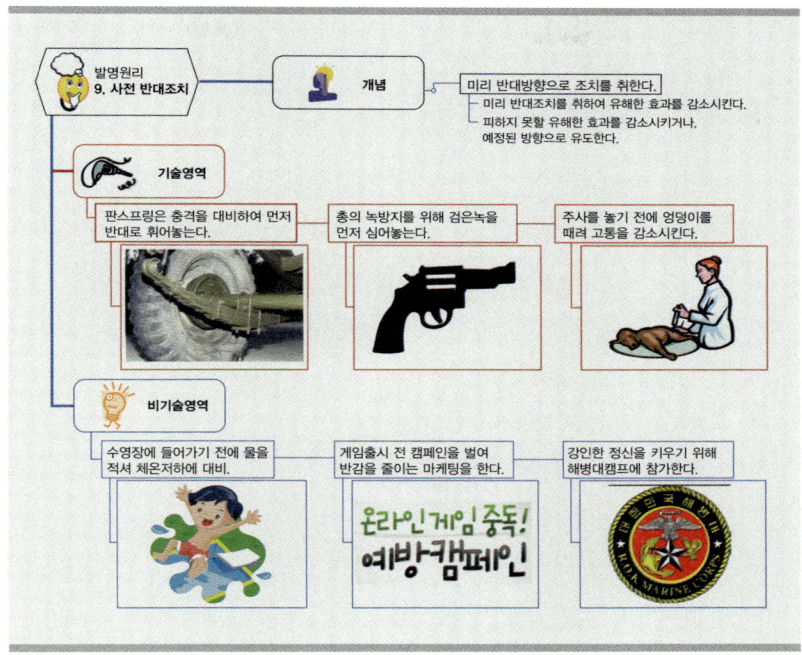

맞는 방법은 없다.

   먼 길을 떠나기에 앞서 휴식을 취하는 것, 추위에 대비하여 땔감을 준비하는 것, 고3이 되기 전에 여행을 가는 것 등은 모두 비기술적인 사전반대조치의 예라고 할 수 있다.

9번 사전반대조치의 원리에서 모순 찾기

● 예방주사와 간호사

간호사는 엉덩이에 주사를 놓을 때, 흔히 엉덩이를 찰싹 때리게 된다. 어떤 경우에는 이것이 주사 맞는 것보다 더 아플 때도 있다. 주사 놓을 때, 엉덩이를 때리는 것은 발명원리 중 9번 사전반대조치에 해당한다. 그럼 이 행위는 어떠한 모순을 해결한 것일까?

주사바늘이 살을 찌르고 들어가면 통증이 있는 것은 당연하다. 주사를 맞으려면 이 통증은 피할 수 없는 통증이다. 그렇다면 통증을 조금이라도 덜 느낄 수 있는 방법은 없을까?

주사바늘이 살을 찌르면 아프기 때문에 주사 맞는 것이 꺼려지는데, 아프지 않다면 주사 맞는 것은 훨씬 수월해질 것이다. 결국, '주사 맞는 것은 아프지만 아파서는 안 된다'는 모순을 찾을 수 있다. 이 모순을 어떻게 해결할 수 있을까?

통증이 전달되는 신경은 굵고 빠른 신경과 가늘고 느린 신경이 있는데, 이중에서 굵고 빠른 신경은 통증 전달을 차단하는 역할을 하고 가늘고 느린 신경은 통증 전달을 연결시키는 역할을 한다고 한다. 따라서, 간호사가 주사를 놓기 전에 굵고 빠른 신경을 먼저 자극(손으로 엉덩이를 찰싹 때리는 것)하여 가늘고 느린 신경에 의한 통증 전달을 차단할 수 있다면 주사바늘에 의한 통증은 전달되지 않을 것이다.

● 사전반대조치 원리로 풀어본 율곡의 10만 양병설

율곡 이이의 10만 양병설을 발명원리 9번 사전예방조치에 적용시켜 보자. 당시 조선은 이미 일본이 쳐들어올 것이라는 정보를 입수한 상태이기 때문에, 일본과의 전쟁은 피할 수 없는 상황이 되었다. 일본과 전쟁을 하게 되면 큰 피해를 입을 수밖에 없다. 하지만 조선의 입장에서는 피해를 입어서는 안 된다.

따라서, 모순은 '일본과의 전쟁에서 피해를 입을 수밖에 없지만, 피해를 입어서는 안 된다'는 것이고, 이 모순은 10만의 병사를 육성하여 전쟁의 피해를 최소화하는 사전반대조치를 통해 해결할 수 있는 것이다.

발명원리10
사전조치 (Preliminary Action)

10번 사전조치 원리는 9번의 사전반대조치 원리와 반대라고 생각하면 된다. 사전반대조치는 피할 수 없는 유해한 작용을 완화하기 위한 조치이고, 10번 사전조치는 어차피 하게 될 유용한 작용을 미리 실행하거나, 나중에 편하게 시행이 가능하도록 조치하는 것이다.

위의 그림은 낚시를 하기 전에 미리 떡밥을 뿌리는 듯한 장면이다. 하지만 낚시꾼이 뿌리고 있는 것은 떡밥이 아니고 소금이다(알트슐러가 만든 설명서에도 같은 그림이 있다). 소금을 뿌리는 이유는 고기를 잡으면 소금에 절여 보관해야 하기 때문에, 어차피 절이는 거 미리 소금을 뿌려두겠다는 것이다. 상식적으로는 이해할 수 없는 그림이지만, 사전조치 원리를 설명하기 위하여 과장되게 표현한 그림이다.

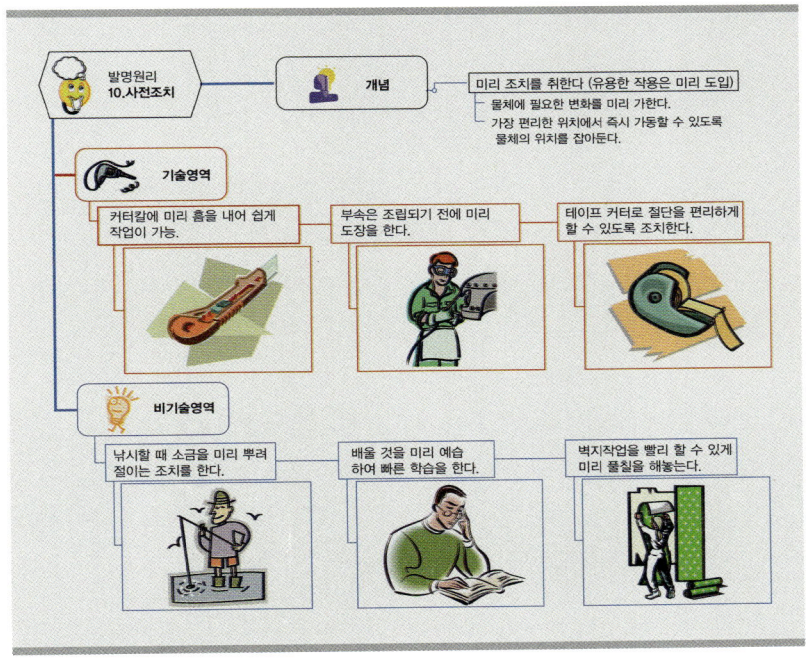

　커터칼의 칼날에 잘라내기 쉽도록 흠집을 내놓는다거나, 컴퓨터의 USB잭을 꽂기 편하게 앞쪽에 배치하는 것도 사전조치의 원리를 적용한 것이다.

　비기술적인 예로는 미리 예습하는 것, 정리정돈을 잘하여 물건을 찾기 쉽게 하는 것, 여행 가기 전에 호텔과 식당을 미리 예약해놓는 것 등을 들 수 있다.

10번 사전조치의 원리에서 모순 찾기

● 소금과 낚시꾼

앞에서 소금을 뿌리는 낚시꾼의 모습을 볼 수 있었다. 낚시꾼이 미리 소금을 뿌리고 있는 모습이다. 이 그림은 트리즈의 창시자인 알트슐러가 과장하여 구성한 그림이라고 이미 설명하였다. 과장되게 표현한 그림이라 현실성이 없는 그림이지만, 이 그림 속에서 모순을 찾을 수 있다.

낚시가 끝난 다음에는 피곤하기 때문에 소금에 절이고 싶지 않다. 하지만 낚시한 후 생선을 소금에 바로 절이지 않으면 생선은 금방 상하기 때문에 반드시 소금에 절여두어야 한다. 따라서 모순은 '낚시하고 난 후 소금에 절여야 하지만, 소금에 절여서는 안 된다'가 된다. 이 모순을 해결하기 위해서 낚시꾼은 낚시하기 전에 소금을 미리 뿌려두는 것이다.

● 사전조치 원리로 풀어본 율곡 이이의 10만 양병설

이번에는 율곡 이이의 10만 양병설에서 발명원리 10번 사전조치에 대한 모순을 찾아보자.

당시 조선이 막강한 군사력을 가지고 있었다고 가정해보자. 강한 군사력은 영토를 확장할 수 있는 절호의 기회가 된다. 그리고 일본의 군사력도 강화되고 있는 상황이기 때문에, 이런 상황에서 10만의 군사를 양성하여 일본을 정벌한다면 영토도 확장하고 일본의 군사력도 무력화시킬 수 있을 것이다.

아무리 강한 군사력을 가지고 있다 해도 다른 나라를 침략하는 것은 옳지 않다. 그러나 일본을 정벌하지 않는다면 일본이 조선을 위협할 수도 있는 상황이었다. 따라서 '일본을 정벌해야 하고, 정벌해서는 안 된다'는 모순이 생기게 된다. 일본을 정벌하는 것이 영토 확장의 이익까지도 얻을 수 있다는 점을 생각해본다면, 10만의 군을 양성하여 일본을 정벌하는 사전조치를 취하는 것이 올바른 판단이 되는 것이다.

발명원리11
사전예방조치(Preliminary Compensation)

사전예방조치는 부족한 기능을 보완하거나 미리 예방을 하는 조치이다. 이는 꼭 하지 않아도 되는 순수한 예방 조치이며, 이런 면에서 9번이나 10번의 원리와 구별된다. 그림은 늦잠을 자지 않기 위하여 미리 알람시계를 맞춰놓는 장면으로, 사전예방조치에 해당된다. 10번 사전조치 원리는 어차피 해야 하는 것을 미리 앞당겨서 하는 것이고, 사전예방조치 원리는 하지 않아도 되지만 만약을 위해서 조치를 취하는 것이다. 알람을 맞춰놓는 것은 일찍 일어난다는 보장만 있다면 시행할 필요가 없는 조치이다.

11번 원리는 일어나지 않을 수도 있는 상황에 대비한다는 점에서, 유해한 작용을 피할 수 없기 때문에 필요한 조치인 9번 사전반대조치 원리와 차이가 있다. 자

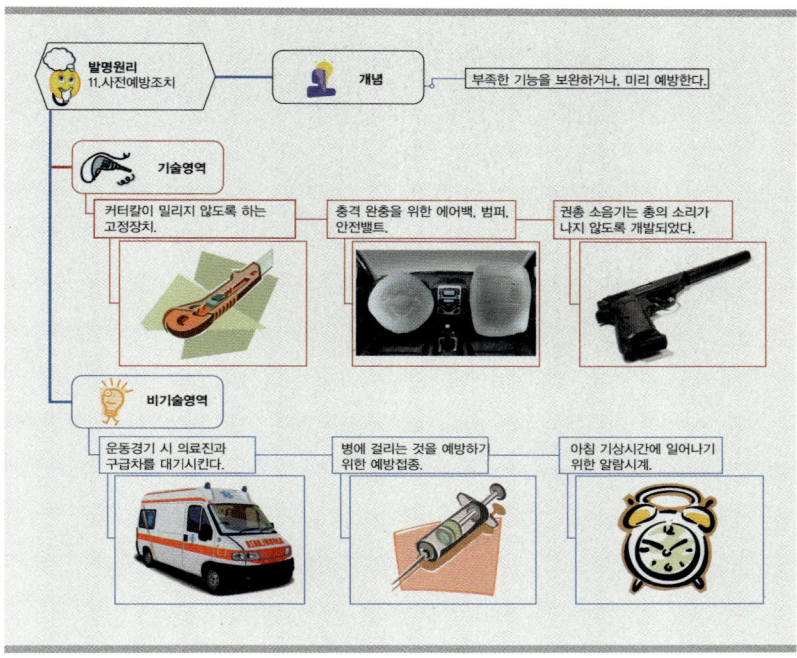

　동차에 장착되어 있는 범퍼·안전벨트·에어백 등은 자동차 사고에 대비하기 위하여 설치한 것이다. 사고가 일어나지 않는다는 확신만 있다면 이러한 장치는 필요가 없을 것이다. 운동경기나 큰 행사가 진행될 때 의료진과 구급차를 대기시키는 것, 정규군 이외에 예비군과 민방위대를 편성하는 것 등의 조치들도 사전예방조치에 해당한다.

11번 사전예방조치의 원리에서 모순 찾기

● 자명종 시계

내일 아침에는 평소보다 3시간이나 이른 새벽 4시에 일찍 일어나서 출장을 가야 한다. 그런데 새벽잠이 많아서 일찍 일어나는 것이 여간 힘든 것이 아니다. 아내에게 깨워달라고 부탁을 해보지만, 아내 역시 아침잠이 많아서 마음이 놓이지가 않는다. 가장 확실한 방법은 아예 잠을 자지 않고 기다렸다가 새벽 4시에 출장을 가는 방법이다. 하지만, 밤에 잠을 자지 않으면 다음날 너무 피곤해서 아무 일도 할 수 없을 것이다. 그렇기 때문에 잠은 꼭 자야 한다.

따라서 '잠을 자야 하지만 잠을 자서는 안 된다'는 모순을 찾아낼 수 있다. 이 모순을 해결할 수 있는 것이 바로 자명종 시계이다. 자명종 시계가 새벽 4시에 울리도록 맞춰놓고 잠을 자면, 자명종이 울릴 때까지 안심하고 잠을 잘 수 있게 된다. 11번 사전예방조치를 통해 문제를 해결한 것이다.

● 앰뷸런스

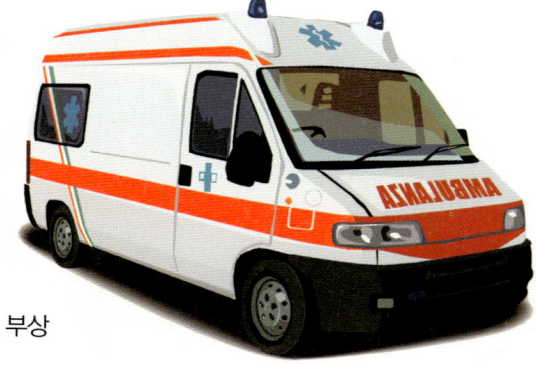

올림픽 복싱 경기장에는 반드시 앰뷸런스와 한 명의 의사가 대기하고 있다. 올림픽 정식종목인 복싱 경기는 두 선수가 서로 주먹을 주고 받는 위험한 경기이기 때문에 부상

자가 나올 확률이 높다. 하지만, 복싱 경기에서 부상자가 나오길 바라는 사람은 아무도 없을 것이다. 따라서, '복싱 경기는 격투기이기 때문에 부상자가 발생하게 된다. 하지만, 부상자는 있어서는 안 된다'라는 모순이 발생한다. 이 모순을 해결하는 방법은 부상자가 발생하면 그 자리에서 바로 치료하여 부상자가 안 되도록 하든가, 부상자를 곧바로 병원으로 이송하여 치료할 수 있도록 하는 것이다.

● **사전예방조치 원리로 풀어본 율곡 이이의 10만 양병설**

율곡 이이의 10만 양병설을 11번 사전예방조치로 이해해보면 다음과 같다. 일본과 절대로 전쟁이 있어서는 안 된다. 하지만 일본의 군사력이 강화된다면 일본이 침략할 수도 있을 것이다. 절대로 전쟁이 있어서는 안 되지만 혹시라도 전쟁이 일어날 수 있기 때문에, 사전예방조치의 원리에 의해 10만의 군사를 양성해야 하는 것이다.

10만 양병설은 상황에 따라서 9번, 10번 원리로도 설명할 수 있다. 만약 일본이 침략할 것이라는 확실한 정보를 입수한 상태이고, 일본과의 전쟁을 피할 수 없기 때문에 피해를 최소화하기 위한 것이 목적이라면 10만 양병설은 9번 사전반대조치에 해당한다. 하지만, 일본의 침략이 예상되지만 당시 조선군의 전력에 문제가 없는 상황에서 일본에 선제공격을 하기 위한 것이 목적이라면 10만 양병은 10번 사전조치의 원리가 적용된 것이라고 할 수 있다.

발명원리12
굴리기/높이맞추기 (Equipotentiality)

굴리기란 단어를 보면 바퀴나 타이어 같은 것들이 떠오를 것이다. 12번 굴리기 원리에서 중요한 것은 굴려서 이동시킨다는 것이고, 이는 힘들게 들어서 옮길 필요가 없다는 의미이다. 그리고 12번 원리는 잘 굴러갈 수 있도록 높이를 맞추는 의미도 함께 포함하고 있다.

얼마 전 TV에서 Hippo Roller라는 물통을 본 적이 있다. 우리말로는 '굴리기 물통'이라고 하면 적당할 것인데, 이 물통은 바닥에 굴려서 이동하면 되기 때문에 머리에 이거나 들어서 옮길 필요가 없는 물통이다. 이처럼, Hippo Roller는 굴리기 원리가 적용된 예이다.

그런데 어떤 것이든 잘 굴러가기 위해서는 오르막·계단·장애물 등이 없어야

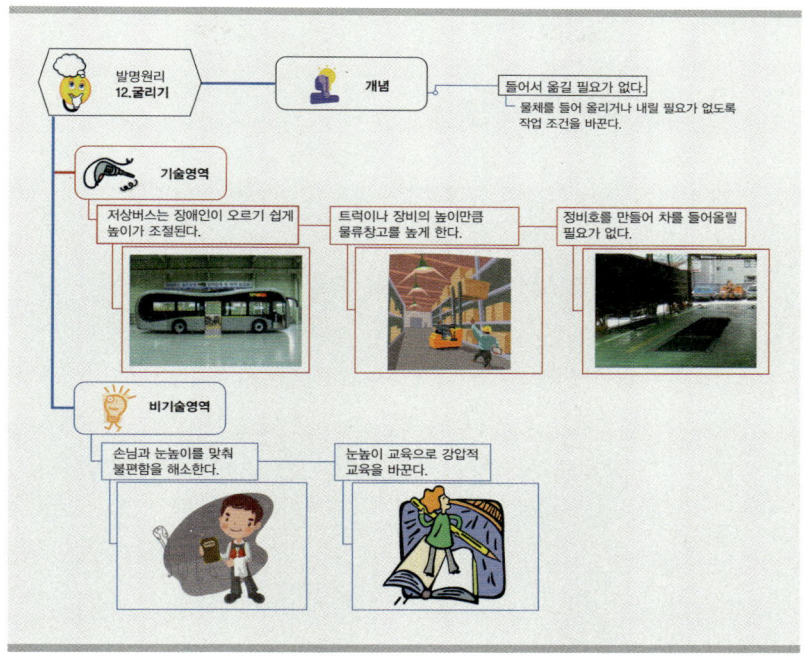

한다. 왼편의 그림에서처럼 패밀리 레스토랑에서 직원이 손님과 눈높이를 맞춰 주문을 받는 이유는 손님과 직원 사이의 장애물을 없애기 위해서이다. 따라서 12번 굴리기 원리가 적용된 예라고 할 수 있겠다.

파나마 운하의 도크갑문시스템, 사람이 오르내리기 쉽도록 높이가 조절되는 저상버스(바닥이 낮고 출입구에 계단이 없는 버스. 노약자나 장애인이 쉽게 탈 수 있도록 하기 위해 만든 버스), 물류창고의 높이를 트럭의 높이와 맞춘 것 등도 12번 굴리기의 원리가 적용된 예에 해당한다. 압력이나 밀도의 차이 등으로 생각을 넓혀보면 굴리기 원리가 적용된 다양한 사례들을 많이 찾아볼 수 있을 것이다.

12번 굴리기/높이맞추기의 원리에서 모순 찾기

● **반갑습니다, 고객님!!!**

굴리기의 원리는 오르막이나 장애물 등을 없애, 들지 않고 굴려서 이동시키는 것을 이용하는 것이다.

앞의 12번 원리의 그림 예에서 한 패밀리 레스토랑에서 허리를 숙여 주문을 받고 있는 종업원의 모습을 볼 수 있다. 보통의 식당 종업원은 손님 앞에 서서 주문을 받는다. 그런데 서서 주문을 받으면, 손님을 밑으로 내려다봐야 하고 손님의 말소리를 잘 듣지 못할 수도 있다. 손님 역시 종업원을 올려다보며 주문을 해야 하기 때문에 서비스를 받는 입장이지만 아랫사람이 된 듯한 느낌을 받을 수도 있다.

이 상황에서는 '식당 종업원은 서 있어야 하고, 서 있어서는 안 된다'라는 모순을 찾을 수 있다. 이 모순을 해결한 것은 손님과 대화할 때 종업원은 허리를 숙이고 눈높이를 낮추는 것이다. 종업원의 눈높이를 손님의 높이로 맞춰 원활한 소통이 가능해진 것이다.

● **Hippo Roller**

아프리카에는 물이 귀한 지역이 많다. 이런 지역에 사는 여자와 아이들은 도보로 서너 시간이나 떨어져 있는 우물에서 물을 길어와야 한다. 무거운 물통을 들고 먼 거리를 이동하는 아이들과 여인들은 척추가 휘고 무릎뼈가 망가지는 고통을 참으며 물을 길어야만 한다. 물을 긷는 고통은 너무나 가혹하기 때문에 이들에게 물을 긷게 해서는 안 된다. 하지만 이들이 물을 긷지 않게 되면 살 수가 없다. 집 안에 상수도시설을 갖추면 좋겠지만 가난한 살림에 엄두도 낼 수 없다.

이들에게는 '물을 길어서는 안 되지만 물을 길어야 한다'라는 모순이 발생했다. 그런데 '물을 길어야 하고 길지 말아야 한다'는 모순의 해결책을 찾는 것은 쉽지가 않다.

물을 길어야 하는 상황을 좀 더 세부적으로 살펴보자. 물을 긷는다는 것은 무거운 물통을 들어서 옮긴다는 것과 같은 말이다. 이 말을 이용하여 모순을 만들어보면, '무거운 물통을 들어서 옮겨야 하지만, 물통을 들어서 옮기지 말아야 한다'라고 표현할 수 있다. 물을 들어서 옮기지 않는 방법만 생각해내면 모순을 쉽게 해결할 수 있을 것이다. 바로 이 모순을 Hippo Roller(우리말로는 '굴리기 물통' 정도로 번역할 수 있을 것이다)가 단번에 해결해주었다. 이 물통을 이용하면 물을 들어서 옮길 필요가 없을 뿐만 아니라, 한 번에 4배나 많은 물을 길을 수 있다.

발명**원리**13
거꾸로 하기(Do it Reverse)

대상물을 변화시키지 말고 외부환경을 변화시키거나, 물체의 위와 아래를 뒤집어보면 새로운 가치를 얻을 수 있다. 움직이지 않던 것을 움직여보고, 항상 움직이고 있던 것을 정지시켜보는 것, 그리고 앞으로 가던 것을 뒤로 가게 하는 것 등이 바로 13번 거꾸로 하기 원리의 적용 방식이다.

위의 그림은 회전초밥 집의 모습이다. 식당의 테이블은 항상 고정되어 있는 것이지만 테이블 밑에 컨베이어벨트를 달아 음식이 손님들을 찾아갈 수 있도록 만들었다. 신라시대 때의 포석정도 이와 비슷하게 술잔이 사람들을 찾아갈 수 있도록 만들었다. 도자기를 만들 때 물레에 올려놓고 작업하거나, 선반 작업 시 모재母材를 회전시켜 가공하는 것, 그리고 스피커의 원리를 뒤집어서 만든 마이크, 에어컨의

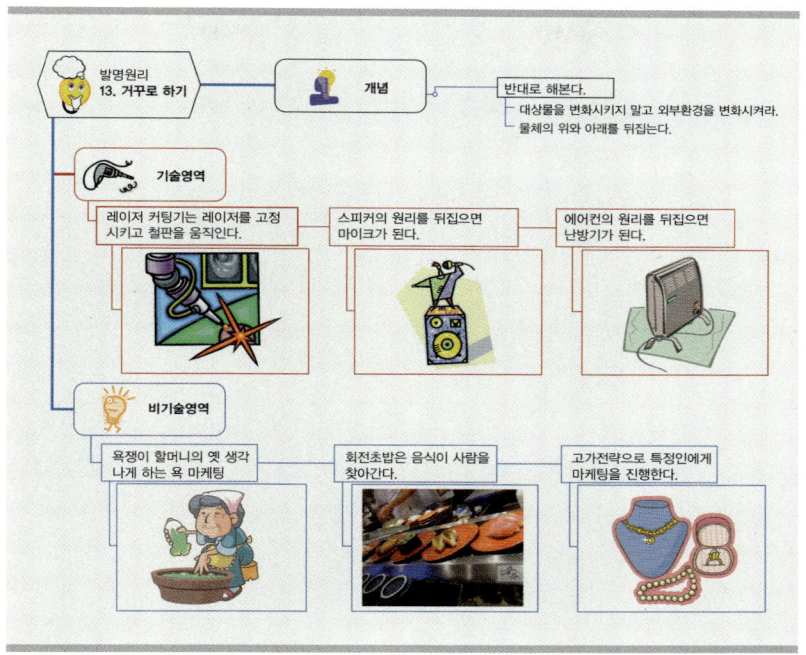

원리를 뒤집어서 만든 연료 없는 난방기 등도 거꾸로 하기의 원리가 적용된 예이다.

비기술 부문에서는 '고가 전략을 이용한 마케팅', '손님에게 불친절한 욕쟁이 할머니 가게', '선후배 간의 친목을 위한 야자타임' 등이 거꾸로 하기의 예에 해당된다.

역지사지易地思之는 '상대편과 처지를 바꾸어 생각해보라'는 말이다. 요즘 우리 사회에는 극단적인 대결 양상이 만연되어 있는데, 거꾸로 하기의 원리를 적용하여 서로의 입장을 바꾸어 생각할 수 있다면 발전적인 해결책을 찾을 수 있을 것으로 생각된다.

13번 거꾸로 하기의 원리에서 모순 찾기

● 회전초밥과 포석정

우리나라에서 회전초밥 집이 등장한 것은 1990년쯤이었던 것으로 기억한다. 손님이 주문한 음식을 종업원이 직접 손님에게 가져다주거나 손님이 직접 음식을 가지고오는 뷔페식 등이 일반적인데, 회전초밥 집은 음식이 손님을 찾아가는 방식이어서 많은 사람들이 관심을 보였다.

종업원이 음식을 가져다주어야 하지만 식당 입장에서는 인건비 절약을 위해 종업원을 쓸 수 없다. 그렇다고 뷔페처럼 다양한 메뉴가 있는 것도 아니어서 손님보고 직접 가져다 먹으라고 하는 것도 적당하지 않다. 음식에 발이 달려 제 발로 손님을 찾아갈 수 있다면 참 좋을 텐데, 음식이 걸어 다닐 수도 없는 노릇이다.

이런 상황에서 발생하는 모순은 '음식을 사람이 전달해야 하지만 사람이 전달해서는 안 된다'는 것이다. 이 모순의 해결은 쉽지 않을 뿐만 아니라 어찌 보면 해결이 불가능할 것만 같다. 그런데 음식을 회전하는 벨트 위에 올려 이 모순을 단번에 해결하였다.

물론 이 아이디어는 1,000여 년 전 신라 시대의 포석정에서 먼저 이용되었던 것이다. 마당에 수로를 만들어 물을 흘리고, 물 위에 술잔을 띄워 보내면 술 잔이 수로를 타고 떠내려가면서 직접 사람을 찾아가는 방식이다.

● 욕쟁이 할머니

　욕쟁이 할머니 식당에 대해 들어본 적이 있을 것이다. 이 식당에서는 식당주인인 할머니가 손님들한테 이놈 저놈 하며 욕을 하는 것뿐만 아니라, 바쁘면 음식을 직접 가져다 먹으라고도 하고, 심지어 일을 시키기도 한다. 그런데도 이 식당은 늘 사람들로 붐빈다고 한다. 불친절하기 때문에 유명해진 이 식당에는 어떠한 모순이 있고 이 모순을 어떻게 해결한 것일까?

　일단 식당이라면 음식 맛과 청결 유지가 가장 기본적인 조건이 될 것이다. 그리고 친절한 서비스 역시 식당의 필수적인 조건이라 말할 수 있다. 따라서 식당주인은 손님에게 불친절하거나 욕을 해서는 안 된다.

　하지만 어렸을 적부터 함께 자라며 친하게 지낸 오랜 친구의 집에 놀러갔는데, 친구의 어머니가 "아이고, 이 놈이 이렇게 많이 컸네. 버르장머리 없이 흰머리도 나고…" 하시면서 볼을 꼬집는 모습을 상상해보자. 친구 어머님의 말과 행동에 사랑이 가득 묻어 있음을 느낄 수 있을 것이다. 만약, 친구의 어머니가 "참 오랜만에 보네요. 세월이 많이 흘렀지요. 흰머리도 있네요"라고 말씀하신다면 오히려 서먹서먹하게 느껴질 것이다. 이런 경험을 한 사람이라면 식당주인인 할머니의 거리낌 없는 욕이나 불친절에서 불쾌감을 느끼기보다는 어떤 정겨움을 느낄 수도 있을 것이다.

　이 두 가지 측면을 비교해보면, 욕쟁이 할머니 식당에서 <u>손님에게 절대로 욕을 하거나 불친절해서는 안 된다. 하지만, 차별화된 서비스를 위해서는 욕설을 해야 한다</u>'는 모순을 찾아낼 수 있다. 결국, '손님에게 욕을 해야 하고 또 하지 말아야 한다'는 모순이, 손님에게 욕을 하더라도 그 욕설이 손님의 아련한 추억 속에 감추어진 향수를 불러일으킬 수 있다면, 그 모순은 해결될 것이고 따라서 욕쟁이 할머니 식당은 성공할 수 있을 것이다.

발명원리14
곡선화(Curvature Increase)

　곡선화의 원리는 직선을 곡선으로 바꾼다는 것이 기본 개념이며, 각진 것을 둥글게, 직선운동을 회전운동으로 바꾸는 것 등을 말한다. 롤러·볼·나선형·원심력 등을 이용하는 것 등도 곡선화 원리가 적용된 예에 포함된다. 예컨대 유체나 기체를 보관하는 용기는 원통형으로 만들어져 있고, 맨홀 뚜껑도 동그란 모양을 하고 있다. 나선형의 도로를 이용하면 옥상에도 주차장을 만들 수 있다.

　위의 그림은 원탁회의를 하는 모습이다. 영국의 아서왕과 12명의 원탁의 기사가 원탁에서 회의를 한 것은 윗자리와 아랫자리의 구분을 없애 모두가 평등한 위치에서 의견을 나눌 수 있도록 하기 위함이었다.

　상습 교통정체 지역에서는 우회도로를 만들어 교통량을 분산하고, 상대방의

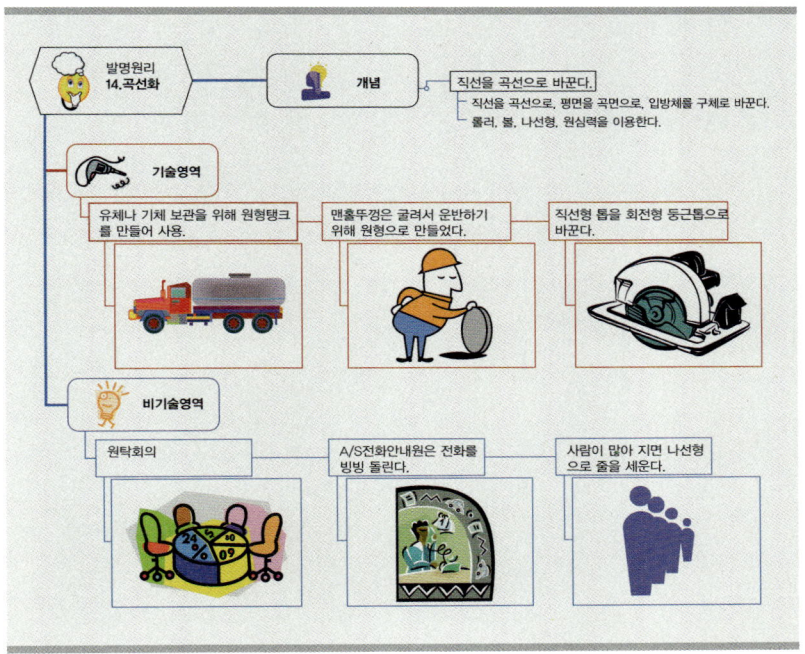

자존심을 건드리지 않기 위해서는 완곡한 표현을 써야 한다. 장거리 육상 경기에서 1,000m나 10,000m 경주 코스를 따로 마련하지 않고, 400m 트랙을 여러 번 돌도록 하는 것도 곡선화의 원리가 적용된 예이다.

14번 곡선화의 원리에서 모순 찾기

● 육상 경기

얼마 전 대구에서는 '2011 세계육상선수권대회'가 있었다. 육상의 트랙을 살펴보면 발명원리 14번 곡선화의 원리가 적용되어 있는 것을 알 수 있다. 장거리 경기인 5000m나 10000m 경기를 살펴보자. 10000m 경기에서 선수들은 400m 트랙을 25바퀴 돌아야 한다. 경기가 진행되는 동안 관중들은 선수들이 경기하는 모습을 관람석에서 지켜볼 수 있다.

만약, 10000m 경기가 일반 도로에서 펼쳐진다면 어떻게 될까? 우선은 10000m 즉, 10km에 해당하는 경기 공간을 확보해야 할 것이고, 관중들도 선수가 자기 앞을 지나가는 모습 정도만 지켜볼 수 있을 것이다. 따라서 '10000m 경기는 아주 긴 트랙이 필요하지만, 관중들이 경기를 처음부터 끝까지 지켜보기 위해서 경기 트랙은 짧아야 한다.' 즉, '장거리 육상경기장은 아주 긴 거리를 확보하여야 하지만 짧을 거리여야 한다'라는 모순을 찾을 수가 있다. 이 모순을 해결하기 위해 14번 곡선화의 원리를 이용할 수 있다. 이 원리에 따라 400m짜리 육상경기 트랙의 처음과 끝을 연결하여 곡선화하게 되면 10000m 길이의 육상경기 트랙으로 이용할 수 있게 된다.

● 원탁회의

곡선화는 직선을 곡선으로 바꾸고, 입방체를 구체로 바꾸는 것이다. 앞의 14번 곡선화의 원리를 설명하는 그림에는 원형 테이블에서 원탁회의를 하는 모습이 그려져 있다. 원탁회의는 자리의 구분이나 순서가 없는 것이 특징이다. 따라서 회의 참가자는 평등한 위치에서 회의에 참가할 수 있다. 사각형 탁자에서는 한 면이 다른 한 면과 만나는 모서리 구역이 만들어지게 되고, 자연스럽게 상석과 하석의 구분이 생길 수밖에 없다.

회의를 진행하는 리더는 누구에게나 평등한 발언권을 주고 회의를 평등하게 이끌고 싶지만, 막상 사각의 테이블에 앉게 되면 위치에 따라 상석과 하석이 구분되기 때문에 평등한 회의가 이루어지지 않을 가능성이 더 많다. 따라서 모두가 평등한 회의를 하고 싶지만, 상석과 하석의 구분 때문에 평등한 회의를 하지 못하게 된다. 결국 사각 테이블에서 진행되는 회의에서는 '평등한 회의를 하여야 하지만, 평등한 회의를 할 수가 없다'라는 모순을 찾을 수 있다.

이 모순을 해결하기 위해 모서리를 모두 잘라낸 원탁 테이블에서 회의를 진행하게 되면 사각형 테이블의 상하 구분이 없어지게 되고, 따라서 평등하게 회의를 진행하기가 용이하다.

발명원리 15
자유도증가 (Dynamicity)

자유가 필요한 것은 사람뿐 만이 아니라, 기계에게도 필요한 모양이다. '자유도 증가'는 영어로 dynamicity라고 하는데, 사전적 의미는 '역학'이다. 15번 자유도증가 원리에서 알아야 할 중요한 개념은 '움직일 수 없는 것을 움직이도록 하라'는 것이다.

위의 그림에는 구부러진 빨대가 그려져 있다. 구부러진 빨대는 일본의 한 주부가 아픈 아이에게 우유를 먹이려다가 발명하게 된 것이라고 한다. 접을 수 있는 키보드, 휘어지는 모니터, 굴절버스, 화물운송용 트레일러 등도 자유도증가의 원리가 적용된 예이다.

F-15 전투기는 비행기 날개를 접었다 펼 수 있다. 날개를 편 상태에서는 많은

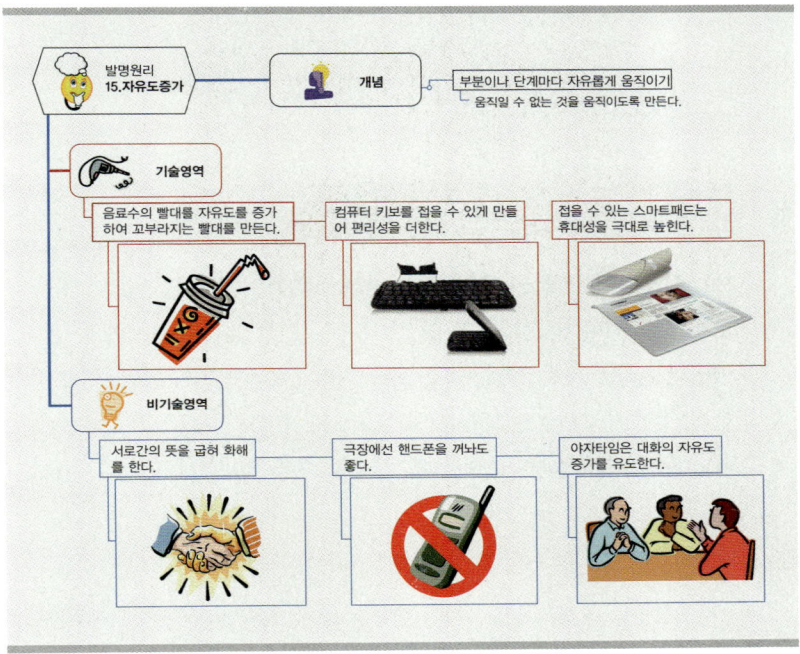

양력을 받을 수 있어 활주로가 짧은 항공모함에서 이륙하기 쉽고, 이륙한 후에는 날개를 접어 공기 저항을 최소화하여 빠른 속도를 낼 수 있다.

   자존심을 접고 겸손한 마음을 갖도록 노력하는 것은 자유도증가 원리의 비기술적인 예라 할 수 있다. 그리고 지금까지 이루어놓은 것에 집착하지 않고 새로운 분야에서 처음부터 다시 시작해보려는 마음을 먹는 것도 15번 자유도증가의 원리의 예가 될 수 있다.

   몇 년 전 어느 휴대폰 광고에서 "때와 장소를 가리지 않는다"라는 카피를 사용한 적이 있다. 얼마 후에는 "또 다른 세상을 만날 땐 잠시 꺼두셔도 좋습니다"라는 카피를 사용했다. 두 카피 또한 자유도증가 원리가 적용된 예라고 할 수 있다.

15번 자유도증가의 원리에서 모순 찾기

● 구부러진 빨대

침대에 누운 채로 물이나 음료수를 마실 때는 침대에 물을 쏟을 수도 있기 때문에 빨대를 이용하는 것이 좋다. 하지만 빨대를 이용해도, 빨대의 방향이 위쪽을 향하고 있기 때문에 사람은 고개를 숙여 입의 방향을 아래쪽으로 향하도록 하여야 한다.

그러나 침대에 누운 상태라면 입을 아래쪽으로 향하기가 매우 어렵다. 그렇기 때문에 입을 위로 향한 채 물을 마셔야 한다. 하지만 입의 방향이 위를 향하게 되면 빨대를 입으로 물 수가 없다. 따라서 '입의 방향은 위로 향해 있어야 하지만, 위를 향해서는 안 된다'라는 모순이 발생한다. 이 모순을 해결하기 위한 방법은 빨대를 구부려서 사용하는 것이다. 빨대는 직선 모양을 하고 있지만 중간을 구부려 사용하면 입의 방향을 아래쪽으로 향하지 않고서도 쉽게 물을 마실 수 있게 된다. 빨대의 중간을 꺾을 수 있도록 가공하면 빨대의 모순을 해결할 수 있다.

● 대형화물 운송용 트레일러 견인트럭

대형화물을 운송하는 커다란 트럭을 본 적이 있을 것이다. 대형화물을 운송하는 것이 목적이라면 트럭은 커져야 한다. 그런데 트럭이 어느 정도 이상 커지면 운전이 불가능하게 된다. 트럭이 달리게 되는 도로에서는 좌회전도 해야 하고 우회전도 해야 하고, 또 길을 잘못 들면 유턴도 해야 한다. 이렇게 방향을 전환하게 될 때, 영향을 받게 되는 것이 바로 회전반경이다.

회전반경은 트럭이 방향을 전환할 때 필요한 회전거리를 뜻하는 것인데, 트럭이 크면 클수록 회전반경도 커지게 된다. 하지만 회전반경이 작을수록 방향 전환이 용이하고, 화물차의 전복 위험도 줄어들기 때문에 회전반경은 작을수록 좋다. 회전반경이 작아지기 위해서는 트럭도 작아져야 한다. 따라서, 화물운송용 대형트럭에서는 '트럭은 커야 하지만 작아야 한다'는 모순을 찾을 수 있다. 이 모순을 해결하기 위해 만들어진 것이 트럭의 중간이 움직이는 트레일러 견인트럭이다.

트레일러 견인트럭은 엔진과 운전석이 있는 견인트럭과 짐을 실을 수 있는 트레일러로 구분되어 있고, 이 둘을 연결한 중간 부분이 꺾일 수 있도록 만들어져 있다. 트레일러 견인트럭은 다른 트럭보다도 훨씬 길지만 트럭의 중간 부분이 자유자재로 꺾이기 때문에 회전반경을 대폭 줄일 수 있다. 화물운송용 대형트럭의 '커야 하지만 작아야 한다'는 모순을 15번 자유도증가의 원리에 의하여 한꺼번에 해결한 것이다.

발명원리16
초과나 부족(Excess & Shortage)

　수학이나 공학에서의 답은 정확히 맞아 떨어져야 한다. 많아서도 안 되고 적어서도 안 된다. 하지만, 사람이 일을 하면서 수학이나 공학에서처럼 딱 떨어지게 맞춰내는 것이 쉬운 일은 아니다.

　페인트 작업을 할 때, 두 가지 작업 방법이 있다. 첫 번째는 작업 전에 페인트가 묻어서는 안 되는 부분에 비닐을 씌우고 페인트 칠을 모두 끝낸 후에 비닐을 벗겨내는 방법이다. 두 번째는 먼저 두꺼운 붓으로 페인트 작업을 하면 안 되는 경계 부분 근처까지 칠을 한 후, 가느다란 붓으로 경계지역만 세밀하게 작업하는 방법이다. 첫 번째는 초과해서 작업하는 방법이고, 두 번째는 부족하게 작업하는 방법이다.

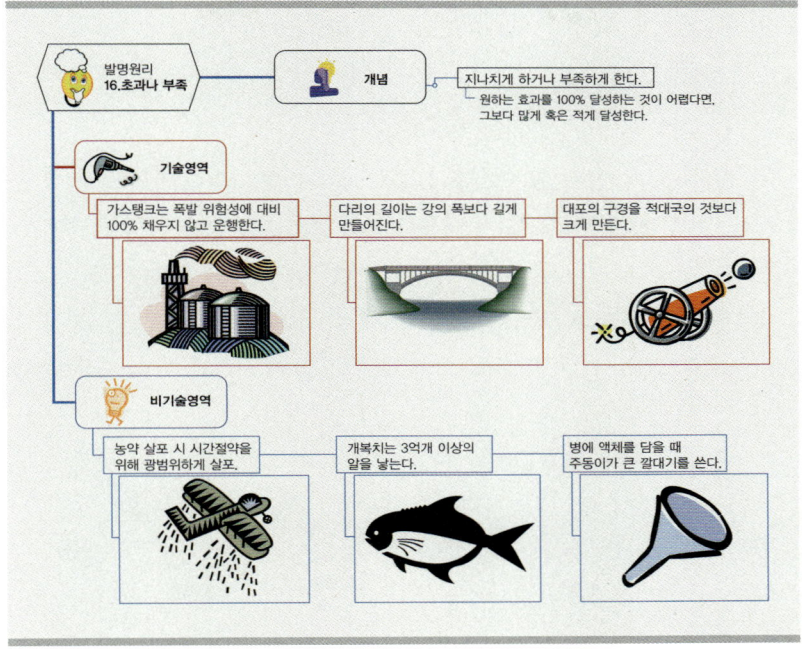

　왼편 그림에는 물이 가득 찬 수조에 병을 집어넣어 물을 담는 모습이 그려져 있다. 컵 등을 이용해서 병 주둥이에 물을 따라 담으려면 시간도 많이 걸리고, 잘못하면 물을 흘리게 된다. 그러나 물 속에 병을 담가 물을 뜨면 쉽게 물을 병에 담을 수 있다. 단 1명의 고객을 확보하기 위해 1,000통이 넘는 광고전단을 배포하는 경우나, 자동차의 최고속도가 200km라 하더라도 안전을 위해 적정 속도로 운행하는 경우는 초과나 부족의 원리가 적용된 비기술 부문의 예라고 할 수 있다.
　모름지기 큰 꿈을 갖고 있어야 그 꿈에 근접할 수 있다고 했다. 정치를 한다면 대통령을 꿈꾸고, 장사를 한다면 대기업을 꿈꾸고, 공부를 한다면 노벨상을 꿈꾸는 사람이 성공할 수 있을 것이다.

16번 초과나 부족의 원리에서 모순 찾기

● **500cc 생수병**

빠른 시간 안에 500cc의 물을 500cc 크기의 병에 옮겨 담는 방법을 생각해보자. 방법은 간단하다. 병에 들어가는 물의 양은 500cc이기 때문에 500cc짜리 바가지에 물을 담아 병의 입구를 통해 부으면 된다. 하지만 병에 들어간 물이 정확히 500cc인지는 명확하지 않다. 500cc 크기의 바가지에 담았기 때문에 그 바가지에 남아 있는 물기만큼 손실이 발생할 것이기 때문이다.

결국 '필요한 물은 500cc이지만 500cc만 넣어서는 안 된다'라는 모순을 찾을 수 있고, 이 모순은 500cc 이상의 물을 바가지에 담아 옮기거나 혹은 커다란 수조에 많은 양의 물을 담고 500cc 크기의 병을 수조에 담가 500cc의 물이 병에 담기게 함으로써 해결할 수 있다. 따라서, 우리가 필요한 물은 500cc이지만 물을 담는 과정에서는 이것보다 많은 양의 물을 필요로 하게 된다. 즉 초과의 원리가 적용된다.

이번에는 500cc 크기의 병에 500cc의 물을 채우는 것을 생각해보자. 병의 크기가 정확히 500cc라면 물은 500cc 병의 끝까지 가득 채워야 한다. 하지만, 이렇게 물을 가득 채우게 되면 물을 담는 과정에서 물이 밖으로 흘러 손실이 발생할 수도 있고, 또 병뚜껑을 따는 과정에서 물을 흘릴 수도 있다. 따라서 물을 가득 채워서는 안 된다. 즉, 여기에서는 '병에 물을 가득 채워야 하지만 가득 채워서는 안 된다'라는 모순을 찾을 수 있다.

이 모순을 해결하기 위해서는 500cc보다 약간 큰 용량의 병을 만들어 500cc만큼만 물을 넣으면 된다. 이렇게 하면 물을 담는 과정에서 발생하는 손실을 줄일 수 있고, 병뚜껑을 따는 순간 물이 흘러 넘치는 현상도 예방할 수 있다.

우리가 흔히 사는 생수나 콜라, 음료수, 주스 등을 살펴보면 병의 끝까지 가득 담긴 것을 찾아볼 수 없다. 부족의 원리에 의해 약간 모자라게 내용물을 담는 방법이 적용된 것이다.

발명원리17
차원변경(Dimension Change)

예전에 극장에서 3D로 제작된 영화 〈트랜스포머〉를 본 적이 있다. 〈트랜스포머〉는 사실감을 높이기 위해 입체적 효과를 가미한 입체 영화이다. 입체 영화는 2차원인 평면 스크린에서 입체적인 3차원 공간으로 차원을 변화시킨 영화이다. 3차원이나 3D와 같은 용어는 실생활과는 동떨어진 차원의 것이라고 생각할 수도 있겠지만, 차원변경의 원리는 우리 주변에서도 아주 손쉽게 찾아볼 수가 있다.

집 위에 집을 얹어 한정적인 평면 위에 여러 개의 집을 지은 것이 아파트이다. 아파트는 차원변경을 통해 토지면적의 한계를 뛰어넘은 경우이다. 책상 위에는 연필꽂이가 있다. 연필이 눕혀져 있으면 이리저리 굴러다니고 공간도 많이 차지하기 때문에 차원변경을 하여 연필꽂이에 세워서 보관하면 편리하다.

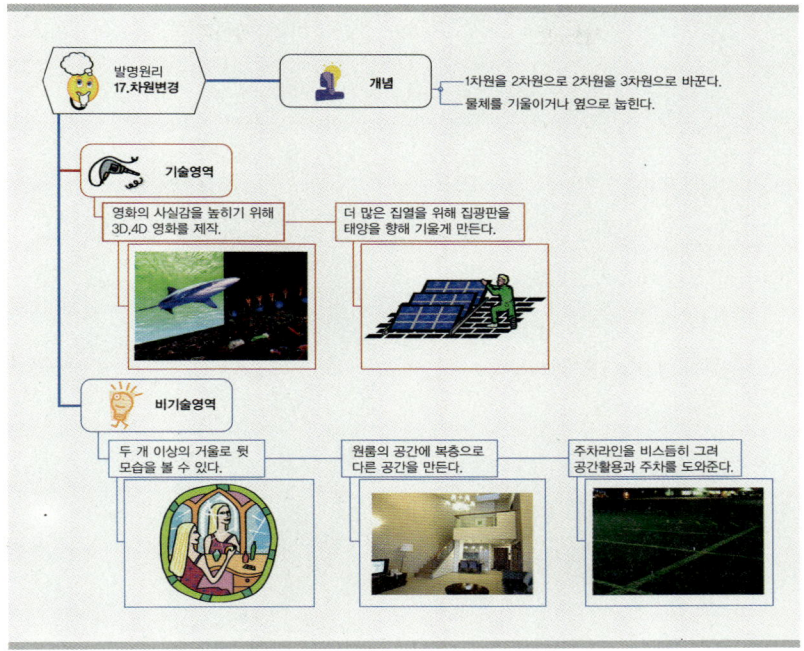

　비기술적인 차원변경의 예에는 어떤 것이 있을까? 외국인과 전화로 대화를 나누면 영어를 잘하는 사람도 어려움을 느끼게 된다. 말소리만으로 의미를 판단해야 하기 때문이다. 하지만 직접 만나서 대화한다면, 표정·몸짓·억양·주변상황 등을 함께 고려할 수 있기 때문에 좀 더 원활하게 의사소통을 할 수 있다.

　〈태양의 서커스〉라는 공연을 보면 단순하게 곡예만 보여주는 것에서 벗어나 하나의 스토리 속에서 음악·무대장치·공연자의 곡예가 자연스럽게 어우러진 다차원적 공연을 관객들에게 보여줘, 연매출 1조원에 달하는 성공을 거둘 수 있었다.

17번 차원변경의 원리에서 모순 찾기

● 뒤통수가 안 보여요!

미용실이나 이발소에 가서 머리를 깎고 난 다음에 뒷머리는 잘 정리되었는지 확인하기 위하여 큰 거울 앞에 서서 손거울을 들고 뒤통수를 비춰보게 된다.

미용실에서 머리를 깎고 난 후, 미용사가 머리를 어떻게 깎았는지 내 눈으로 직접 확인해보고 싶다. 나는 뒤통수를 볼 수 없으니, 미용사에게 어떠냐고 물어볼 수밖에 없을 것이다. 그러나 답은 뻔하지 않겠는가. 미용사는 자기 나름대로 열심히 깎았기 때문에 손님에게 "좋다"고 말할 것이고, 이것은 손님에게 별 도움이 되지 못할 것이다. 여기에서 '내가 내 뒤통수를 직접 확인하고 싶은데 뒤통수를 볼 수 없다'는 모순이 발생한다.

이 모순을 해결하기 위해 거울 두 개를 이용하여 이차원적 거울 공간을 삼차원으로 만들면 손거울에 비친 뒤통수의 모습을 확인할 수 있게 된다.

● 파블로 피카소의 우는 여인

거장 파블로 피카소의 그림 중에는 우는 여인Weeping Woman이란 그림이 있다. 어떤 사람들은 이 그림에 그려진 우는 여인을 보고 사람이 아니라 괴물이라 생각할 수도 있을 것이다. 알려진 바와 같이 피카소는 여인의 정면과 측면을 동시에 그려 단순히 우는 것이 아니라 슬픔에 복받쳐 가슴으로 울고 있는 애절한 여인의 모습을 담아내려 했다고 한다.

2차원의 공간에서 사실적 묘사에 그치지 않고, 차원을 뛰어넘어 여인의 슬픔을 다각적으로 표현하고자 했던 피카소의 예술혼 역시도 차원변경의 원리로 해석해볼 수 있을 것 같다.

발명원리18
진동(Vibration)

영화가 시작되기 전에 핸드폰은 진동모드로 바꾸는 것이 예의이다. 핸드폰에 사용되는 진동의 기능은 벨소리를 대신하여 전화가 왔음을 알려주는 방법이다. 진동은 반복해서 왕복운동을 하는 시계추의 진자운동, 매우 미세한 진동으로 분자를 진동시키는 초음파, 그리고 압력이나 진동을 이용하여 전기를 생성하는 압전소자에 이르기까지 그 활용범위는 매우 넓다.

위의 그림은 진동드릴(해머드릴)로 벽을 뚫는 모습이다. 기존의 드릴은 모터에 의한 회전운동만 있기 때문에 콘크리트나 벽돌에 구멍을 내기가 어려웠다. 하지만 진동드릴은 회전운동에 진동 작용을 추가해서 기존 드릴의 단점을 보완하였다.

비기술적 분야에서도 진동이 사용되는 다양한 예를 볼 수 있다. 엄마의 심장고

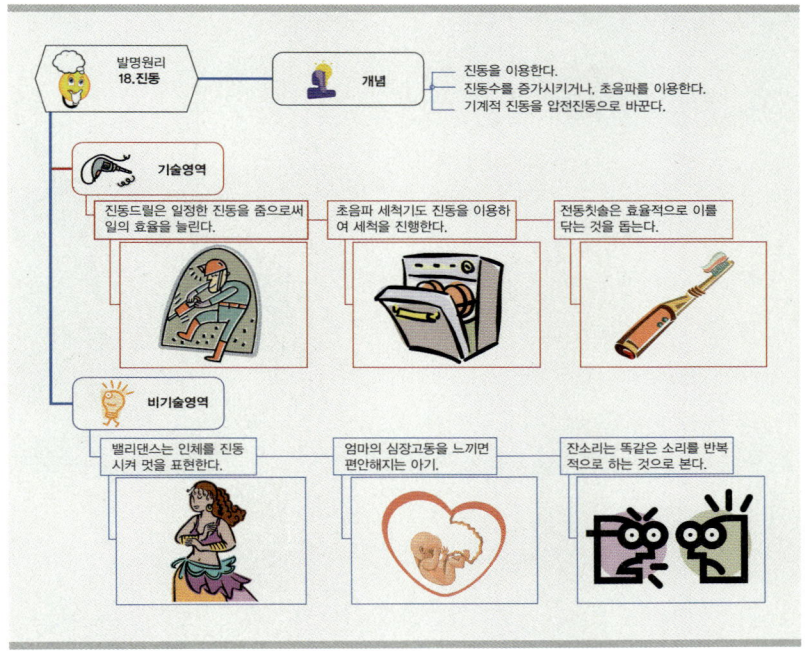

동 소리를 들으며 잠을 자는 아기의 모습, 그리고 현란한 골반의 움직임으로 여성의 미를 강조하는 밸리댄서의 모습 등도 진동이 사용되고 있는 예이다.

요즘 대부분의 학생들은 학교·집·학원을 왔다갔다하며 마치 시계추처럼 반복적인 생활을 하고 있다. 일정한 틀에 갇힌 아이들을 보면 아이들이 갇혀 있는 울타리 속에 아이들의 미래까지도 가두어진 것은 아닌지 걱정된다.

18번 진동의 원리에서 모순 찾기

● 진동 벨소리

교실이나 영화관, 회의실 등에서는 휴대폰을 끄거나 벨소리를 진동으로 바꾸는 것이 필수 에티켓이다. 휴대폰 벨소리가 다른 사람에게 불편을 끼칠 수 있기 때문이다. 휴대폰의 벨소리는 전화가 걸려 왔음을 벨소리를 통해 알려주는 역할을 한다. 그렇다면 휴대폰 벨소리에서는 어떠한 모순을 찾을 수 있을까?

휴대폰 벨소리는 전화가 걸려 왔음을 알려주는 것인데, 벨소리가 울리게 되면 다른 사람에게 불편을 끼치기 때문에 공공장소에서는 벨소리를 내지 않는 것이 좋다. 모순은 간단하게 찾을 수 있을 것이다. '벨소리는 울려야 하지만 울려서는 안 된다'라는 것이 모순이다. 이 모순을 해결한 것이 전화가 걸려 왔을 때, 벨소리 대신 진동이 울리게 하면 소리를 내지 않고서도 전화가 걸려 왔음을 알려줄 수 있다.

● 해머드릴

드릴에 진동 기능을 추가하여, 콘크리트 벽에도 구멍을 낼 수 있는 기능을 가진 해머드릴은 어떠한 모순을 극복하여 탄생하게 되었는지 살펴보도록 하자. 드릴은 나선형의 드릴비트 Drill Bit를 회전시켜 나무나 금속에 구멍을 뚫는 도구이다. 드릴비트의 나선형구조가 조직구조에 결을 만들고 회전하면서 안으로 파고들어가 구멍을 만들게 된다. 나무나 금속은 물질의 결합구조가 치밀하여 구멍을 낸 후에도 구멍의 원형을 그대로 유지하게 된다.

하지만 콘크리트의 경우는 조직이 치밀하게 연결되어 있는 구조가 아닌 조직이 뭉쳐져 굳어 있는 상태이기 때문에, 충격을 받으면 부서지는 성질을 가지고 있다. 따라서 드릴비트가 회전하며 파고들게 되면 그 주변의 조직이 부서져버리기 때문에, 나무나 금속에서와 같이 드릴비트가 결을 타고 안으로 파고드는 효과를 기대할 수 없다. 따라서 콘크리트 벽에 구멍을 내기 위해서는 드릴의 회전력만으로는 불가능하다.

그렇다면 못을 망치로 두드려 콘크리트에 구멍을 낼 수 있을까? 콘크리트 벽에 망치로 못을 박게 되면, 콘크리트 조직 속으로 파고들며 넓은 부위가 부서지게 된다. 이러한 현상은 콘크리트의 높은 경도 때문인데, 어떤 경우에는 못보다도 경도가 높아 못이 부러지는 경우도 있다. 그리고 못을 박는 충격이 콘크리트 벽의 내부까지 전달되면 미세 균열의 원인이 될 수도 있기 때문에 못으로 구멍을 내는 것도 좋은 방법이 아니다.

내용을 정리하면, 드릴의 회전력은 구멍을 넓히는 역할은 하지만 안으로 파고들어가지는 못한다. 반면 못은 콘크리트 조직으로 파고들어갈 수는 있지만 콘크리트 벽에 많은 손상을 가져오게 된다. 결국 콘크리트 벽에 손상을 입히지 않고 구멍을 뚫는 방법을 찾아야 한다. 따라서, <u>구멍을 뚫기 위해서는 콘크리트 벽에 강한 충격을 가해야 한다. 하지만 강한 충격을 가하면 벽이 손상되기 때문에 충격을 가해서는 안 된다</u>'라는 모순을 찾을 수 있다. 이 모순은 18번 발명원리인 진동의 원리를 적용하여 문제를 해결할 수 있다.

진동의 원리가 적용된 해머드릴은 드릴이 회전하는 상태에서 진동을 이용하여 작은 충격을 콘크리트 벽에 가하여 콘크리트 속으로 파고들어갈 수 있도록 제작된 것이다.

발명원리 19
주기적 작용 (Periodic Action)

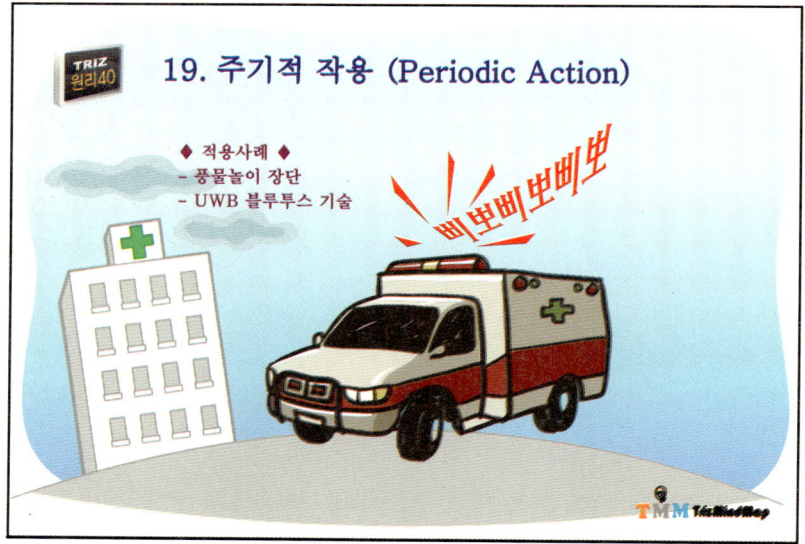

　연속적으로 일어나는 작용을 좀 더 강하게 혹은 좀 더 멀리 보내야 할 필요가 있을 때는 주기적으로 강한 작용을 삽입하면 된다.
　위의 그림에는 구급차가 그려져 있다. 구급차는 긴급하게 출동하여야 할 필요가 있기 때문에, 구급차의 사이렌 소리와 경광등은 멀리 퍼질 수 있도록 하여야 한다. 단순하게 사이렌 소리를 크게 내는 것보다는 큰소리와 작은 소리를 번갈아 내게 되면 더 멀리까지 소리를 전달할 수 있다.
　시계는 강약의 구분 없이 똑딱거리기 때문에 사람은 시계 소리를 들으면서도 잠을 잘 수가 있다. 하지만 시계가 강약약약, 강약약약 식으로 소리를 낸다면 잠을 이루지 못할 것이다.

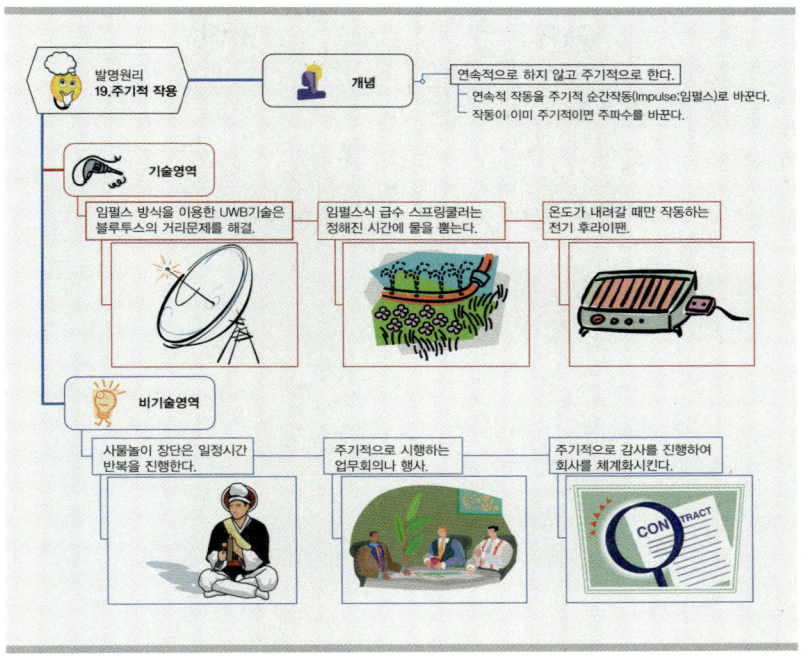

　이렇게 주기적으로 강하게 작용하는 것을 통해 강한 효과를 얻을 수 있다. 바로 주기적 작용의 원리를 적용하는 것이다. UWB 기술(초고속근거리통신망 기술)은 주기적으로 강한 전파를 송신하는 기술인데, 블루투스의 거리적 한계를 극복할 수 있는 기술이다.

　비기술적 분야에서는 매월 한 번씩 실시하는 월례회의나 정기휴일, 정기 세무조사, 정기감사 등이 19번 주기적 작용 원리가 적용된 예이다. 서양의 장단이 '쿵 짝 쿵짝' 식의 단순 반복적인 리듬인 데 반해, 우리의 국악 장단은 '덩기덕 덩 더러러러 쿵기덕 쿵덕' 하는 식으로 강약의 리듬이 주기적으로 반복되기 때문에 강렬한 비트가 생겨 사람의 감성을 자극하기에 더 유리하다.

19번 주기적 작용의 원리에서 모순 찾기

● 사이렌 소리

차들이 꽉 찬 도로에 앰뷸런스가 들어온다. 삐뽀삐뽀 울리는 사이렌 소리에 차들은 길을 비켜 앰뷸런스가 지나갈 수 있도록 길을 만들어준다. 앰뷸런스의 사이렌은 높은 음과 낮은 음이 반복되면서 삐뽀삐뽀 하는 소리를 낸다. 이처럼 높은 음과 낮은 음을 교차적으로 내보내는 것은 좀 더 멀리까지 소리가 전달될 수 있도록 하기 위해서이다.

소리는 파동으로 이루어져 있다. 같은 음역대의 사이렌 소리가 지속적으로 흘러나오면서 먼 곳에서부터 서서히 다가오게 되면, 사람은 소리에 대해 즉각적으로 반응하지 못하게 된다. 따라서 파동과 주파수가 다른 소리를 교차로 반복하여 들리도록 한다면 사람들의 반응도 빨라지게 된다.

사이렌 소리가 멀리까지 들리도록 하기 위해서는 소리를 크게 내야 한다. 하지만 무작정 소리만 크면 사람들의 즉각적인 반응을 불러일으키는 데는 효과가 작다. 따라서 소리를 크게 내서는 안 된다. 즉, 여기에서는 '사이렌 소리는 커야 하지만 커서는 안 된다'라는 모순을 찾을 수 있고, 이 모순은 주기적 작용의 원리를 이용하여 해결할 수 있다. 큰 소리와 작은 소리가 번갈아 들리도록 함으로써 사이렌 소리를 멀리에서도 들을 수 있도록 하고 동시에 사람들의 반응속도도 빨라지도록 유도할 수 있다.

● 세무조사

국세청은 일정 규모 이상의 대기업에 대해서는 정기적으로 세무조사를 실시하고 있다. 정기조사의 대상은 수입금액 5000억 원 이상의 법인기업으로, 이들 기업은 특정한 위반사항이 없더라도 4년에 한 번씩 의무적으로 정기 세무조사를 받게 되어 있다. 세무조사의 목적은 기업이 세무신고를 성실히 수행하고 있는지를 확인하기 위함이다. 그런데 세무조사의 목적을 충실히 달성하기 위해서 세무조사를 한 달에 한 번씩 실시하든가 아니면 일정 규모 이상의 기업에 대해서는 세무조사관을 상시로 파견하여 상주토록 하면 어떨까?

기업의 입장에서 외부인이 상주하며 기업의 재무 내용을 상시 감시한다는 것은 여간 부담스러운 일이 아닐 수 없다. 세무조사를 매달 실시하거나 세무조사관이 상주를 하며 재무 상황을 감시한다면, 기업의 자율성이 크게 침해되고 기업 활동을 제대로 이행하지 못하게 될 것이다.

따라서 여기에서는 '국세청은 기업에 대한 세무조사를 많이 해야 하지만 많이 해서는 안 된다'라는 모순을 찾아낼 수 있다. 이 모순은 19번 원리인 주기적 작용의 원리를 적용한, 정기 세무조사가 해결책이 될 수 있다. 그리고 불성실한 세무신고의 조짐이 있을 때는 특별 세무조사를 불시에 실시할 수 있도록 하여, 기업이 성실히 세무신고를 하도록 유도하고 있다.

발명원리 20
유용한 작용의 지속 (Continuity of Useful Action)

갑작스런 한파에 미처 대비하지 못하면 밤새 수도관이 얼어붙어 물이 나오지 않는 상황이 벌어질 수 있다. 수도관이 얼어붙지 않도록 하기 위해서 가장 쉽게 할 수 있는 방법은 물을 약간 틀어놓는 것이다. 20번 유용한 작용의 지속 원리는 밤새도록 수돗물을 틀어놓는 것처럼 잠시도 쉬지 않고 작동시켜야 한다는 것이다.

10m 길이의 철판을 용접으로 연결해야 한다고 생각해보자. 만약 용접봉의 길이가 30cm 불과하다면, 30cm마다 용접봉을 바꾸기 위해 용접작업을 멈춰야 한다. 만약 끊김 없이 용접작업을 계속하고자 한다면, 두 명이 작업을 하면서 30cm마다 교대로 용접작업을 할 수도 있고, 아예 10m가 넘는 용접봉을 사용하면 용접봉 교체 없이 작업을 계속 할 수 있을 것이다. 프린터에 무한잉크 공급장치를

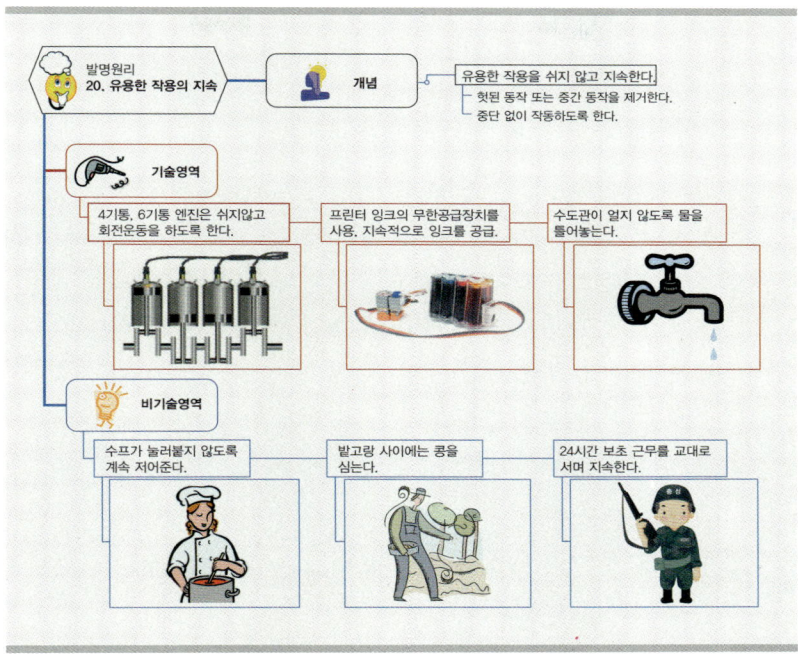

부착하거나, 자동차 엔진을 4기통이나 6기통으로 만든 것도 연속적으로 작동시키기 위한 것이다.

비기술적 측면에서는 인간이 최고의 스피드를 유지한 채 400m를 달리는 400m 계주 경기를 생각해볼 수 있다. 100m 세계기록 보유자인 우사인 볼트 등이 400m를 100m씩 나누어 달리면 최고의 스피드를 유지한 채 400m를 달릴 수 있다.

유용한 지속을 최대의 효율로 지속하거나 불필요한 동작을 제거하여 이를 지속적으로 작용할 수 있도록 하는 개념이 바로 20번 '유용한 작용의 지속' 원리이다.

20번 유용한 작용의 지속의 원리에서 모순 찾기

● 400m 계주

2011 대구세계육상선수권 대회에서 가장 높은 관심을 보인 것은 우사인 볼트가 출전한 100m와 200m 그리고 400m 계주였다. 이중에서 최고의 관심을 받는 종목은 인간의 최대 스피드를 겨루는 100m 경주였다. 인간이 출발선을 박차고 나가 관성과 근육을 이용하여 가장 빠른 속도를 내는 경주가 100m 경주이다. 그런데 100m 경주는 단 10초 정도면 경기가 끝나기 때문에 아쉬운 점이 너무 많다. 그러나 100m를 넘어가게 되면 인간의 근력도 떨어지고 호흡도 해야 하기 때문에 100m 경기만큼 폭발적인 스피드를 기대하기 힘들다.

사람들은 100m에서 최고 속력으로 달릴 수 있지만 관중들은 좀 더 긴 400m 경주에서도 최고 속력으로 달려주기를 바라게 된다. 따라서 400m 경주에서는 '육상선수는 최고 속력으로 달려야 하지만 최고 속력으로 달릴 수가 없다'라는 모순을 찾아낼 수 있다. 이 모순을 해결하는 방법은 100m씩 4번에 걸쳐 4명의 선수가 번갈아 최고 속력으로 달리는 경기를 생각해볼 수 있다. 이 경주가 바로 400m 계주이다.

● 24시간 편의점

24시간 편의점은 쉬는 시간 없이 1년 365일 하루 24시간 영업을 한다.

24시간 편의점은 단 1시간도 쉬지 않고 점포를 운영하고 있다. 그러나 야간 시간 대에는 물건을 팔아 얻는 수익보다 관리비용이 더 많을 것이다. 그렇다면 편의점이 24시간 동안 쉬지 않고 문을 여는 이유는 뭘까? 편의점은 다른 가게들의 어떠한 모순을 해결하기 위하여 24시간 운영되고 있는 걸까?

아파트 단지 주변에 있는 슈퍼마켓들은 대체로 아침 8시경에 문을 열어 밤 10시까지 영업을 한다. 손님이 가장 많은 시간 대에 맞춰 영업을 하는 것이다. 편의점은 슈퍼마켓과 경쟁을 하여야 하는데, 슈퍼마켓의 물건이 더 저렴하기 때문에 같은 조건으로는 슈퍼마켓과의 가격경쟁에서 이겨낼 수가 없다. 상황이 이렇다면 슈퍼마켓과의 경쟁이 무의미할 수도 있다. 즉, '편의점은 슈퍼마켓과 경쟁을 하여야 하지만, 경쟁을 해서는 안 된다'라는 모순이 발생하는 것이다.

이 모순을 해결하기 위하여 20번 원리인 '유용한 작용의 지속'을 이용하여 24시간 영업을 하게 되면, 슈퍼마켓이 영업을 하는 주간 시간에는 슈퍼마켓과 경쟁하고 슈퍼마켓이 문을 닫는 야간 시간에는 경쟁 없이 독점적으로 영업을 할 수 있는 것이다.

발명원리21
급히 통과(Rushing Through)

우산을 가져오지 않았는데, 비가 많이 내리고 있다. 비를 맞기는 싫지만 약속시간에 늦지 않게 위해서는 차를 타야만 한다. 이때 사람들은 차가 있는 곳까지 뛰어서 이동을 하게 된다. 유해한 작용을 조금이라도 줄이기 위해 빨리 통과를 해야 하는 것이다.

위의 그림에는 흰머리를 뽑는 모습이 그려져 있다. 머리가 뽑히는 순간에는 약간의 통증이 수반될 것이다. 물론 머리에 마취를 하는 방법도 있겠지만 흰머리 몇 개 뽑자고 마취제까지 사용할 필요는 없어 보인다. 통증을 조금이라도 줄이려면 머리카락을 뽑을 때 한번에 톡 뽑아야 한다. 할머니를 사랑하는 마음에 살포시 뽑는다면 할머니는 더 큰 통증을 느껴야만 할 것이다.

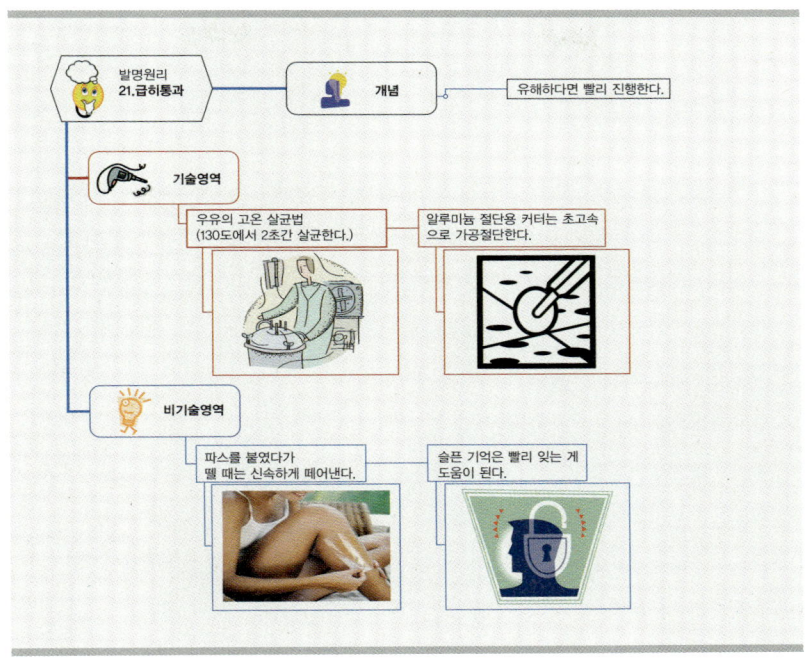

　매일 아침 건강을 위해 신선한 우유를 마시는 사람이 많이 있다. 우유는 영양분을 많이 포함하고 있어 세균 번식이 매우 쉽기 때문에 세균을 없애기 위해 고온 살균 과정을 거쳐야만 한다. 그런데 고온 살균 과정에서 우유에 들어 있는 영양성분과 유익한 세균마저 파괴될 우려가 있다. 이 문제를 해결하기 위해서는, 빗속을 뛰어가는 것처럼 살균 과정을 고속으로 처리하면 된다. 실제로 우유를 살균할 때는 130도의 온도에서 약 2초간 고속으로 살균을 한다.

　우리 속담에 '매는 먼저 맞는 것이 낫다'는 말이 있다. 어차피 맞을 매라면 먼저 맞아 기다리는 동안의 심적 스트레스를 줄이는 것이 좋다는 것이다.

21번 급히통과의 원리에서 모순 찾기

● 흰머리 뽑기

어린 시절 할머니의 흰머리를 뽑으며, 한 개 뽑을 때마다 10원의 용돈을 받았던 기억이 있다. 그런데 흰머리를 뽑을 때는 약간의 통증이 수반된다. 따라서 흰머리를 뽑을 때는 머리카락을 손가락으로 말아쥐고는 재빠르게 한 번에 '톡' 하고 뽑아야 통증을 줄일 수 있다. 그렇다면 흰머리를 뽑는 것에서는 어떤 모순을 찾을 수 있을까?

흰머리는 나이가 많이 들어보이기 때문에 뽑아야 한다. 하지만 머리카락을 뽑을 때는 통증이 수반되기 때문에 뽑아서는 안 된다. 즉, '흰머리는 뽑아야 하고, 뽑지 말아야 한다'는 모순을 찾을 수 있다. 그런데 만약 머리카락 대부분이 흰머리라면 그 많은 머리를 몽땅 뽑아버릴 수는 없을 것이다. 그렇기 때문에 흰머리가 아주 많은 사람은 아예 머리를 검게 염색하는 것이 더 낫다. 물론 흰머리가 많지 않은 사람은 약간의 통증을 감수하면서 뽑아내는 것이 좋을 것이다. 그리고 흰머리를 뽑을 때는 고통스럽지 않도록 한 번에 '톡' 뽑아야 한다.

● 우유 살균법

우유를 살균할 때, 높은 온도에서 살균하면 우유의 영양도 함께 파괴되어버리고 낮은 온도에서 살균하면 시간이 너무 많이 걸린다. 즉, '우유의 살균온도는 높아야 한다. 하지만, 영양소가 파괴되므로 살균온도는 낮아야 한다'라는 모순을 찾을 수 있다. 이 모순은 우유를 높은 온도에서 살균하되 영양분이 파괴되지 않을 정도로 짧은 시간만 소독하는 방법으로 해결될 수 있다. 즉, 21번 발명원리인 급히 통과의 원리를 적용하는 것이다.

발명원리22
전화위복(Convert Harmful to Useful)

 1968년에 제작된 〈헬 파이터〉라는 영화가 있다. 존 웨인이 주연한 이 영화는 미국의 전설적인 소방관 '폴 레드 어데어'의 유정(油井)화재 진압 스토리를 영화화한 것이다. 이 영화에서 보면 유정의 화재를 진압하기 위해 다이너마이트를 이용하는 모습을 볼 수 있다. 원리는 간단하다. 화염의 한가운데에 대량 폭탄을 설치하고 이를 폭파시키면 폭탄이 폭발하면서 주변의 공기를 순간적으로 모두 소진하기 때문에 화재를 진압할 수 있다.
 이처럼 발명원리 22번 전화위복의 원리는 해로운 인자를 유용한 인자로 활용하거나, 해로운 작용을 다른 해로운 요소를 이용해 소멸시킨다는 개념을 가지고 있다.

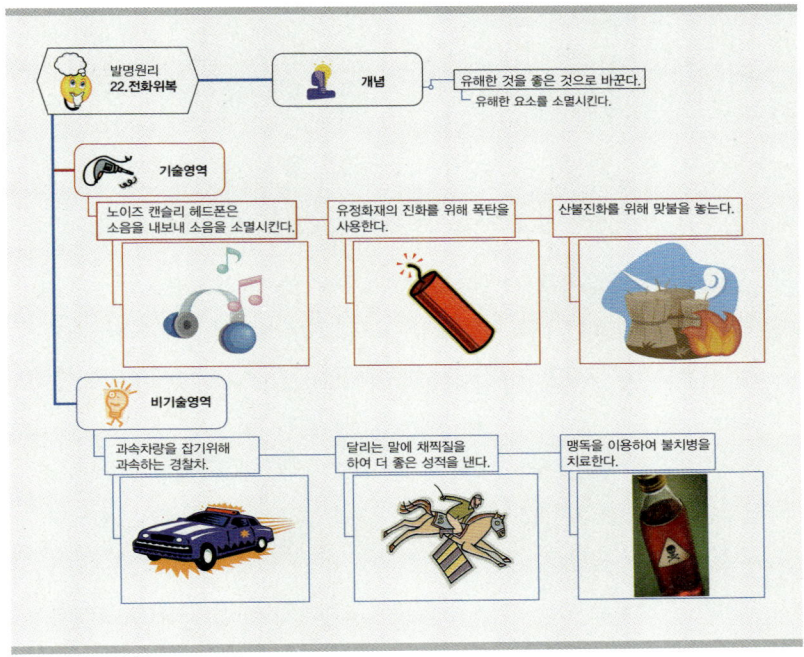

　항공기 조종사는 지상 기지와 무전으로 교신을 해야 한다. 그런데 항공기 소음이 너무 커서 헤드폰을 착용해도 교신 내용을 알아 듣기가 쉽지 않다. 그래서 개발된 기술이 바로 '노이즈 캔슬링 기술'이다. 이 기술로 만든 헤드폰에는 마이크가 장치되어 있어 외부의 소음을 감지한 후에 소음과 반대되는 신호를 발산하여 소음을 차단하는 효과를 얻을 수가 있다.

　비기술적 측면에서는 군대의 역할이 바로 전화위복의 대표적 사례이다. 군대는 전쟁을 직접적으로 수행하는 집단이지만, 군대가 필요한 가장 큰 이유는 전쟁을 억제하는 기능을 가지고 있기 때문이다.

22번 전화위복의 원리에서 모순 찾기

● 유전화재 진압

1990년에 이라크의 사담 후세인이 쿠웨이트를 공격하면서 걸프전쟁이 발발하였다. 중동은 막대한 양의 원유가 매장되어 있는 지역으로, 나라마다 많은 유전이 있다. 특히 쿠웨이트는 아주 작은 나라임에도 불구하고 세계 석유의 10%가 매장되어 있는 나라이다. 이라크는 1991년 전세가 불리해지자 유전에 불을 질렀고, 이때 무려 750개의 유전이 불타올랐다고 한다. 이 유전화재로 인한 매연이 일본에서까지 발견될 정도였다.

화재를 진화하는 방법은 크게 세 가지로 나눌 수 있다. 첫째는 인화물질을 없애는 방법, 둘째는 인화점 이하로 온도를 낮추는 방법, 셋째는 산소 공급을 차단하는 방법. 유전에서 발생한 화재는 땅 속에서 인화물질인 원유가 뿜어져 나오는 것이기 때문에 첫째의 인화물질을 차단하는 방법은 현실성이 없다. 두 번째 방법은 인화점 이하로 온도를 낮추는 것인데, 유전화재는 발화점의 온도가 이미 2000도를 넘어가기 때문에 물로써 발화점을 낮출 수 없다.

마지막으로 산소 공급을 차단하는 방법을 생각해볼 수 있다. 산소를 차단하기 위해서는 화재 주변을 진공 상태로 만들어야 한다. 하지만 화재가 난 유전지역이 너무 광범위하기 때문에 그 넓은 지역을 진공 상태로 만드는 것은 불가능하다. 여기에서 상반되는 두 가지 논점을 찾아내면 곧바로 모순을 도출할 수 있다. 즉, '화재 지역을 진공으로 만들어야 하지만, 진공으로 만들 수가 없다'는 모순을 찾을 수 있다.

진공 상태로 만들 수 없다면 어떻게 해야 할까? 진공 상태로 만들고자 하는 것은 산소를 없애려는 것이기 때문에 산소만 차단하면 된다. 유전화재의 중심에 폭발물을 터트려 순간적으로 주변 지역의 산소를 일시적으로 모두 소진시키면, 짧은 시간 동안 산소를 차단하는 효과를 얻을 수 있다.

발명원리23
피드백(Feedback)

 외부의 변화요인에 따라 변화하였다가 변화요인이 사라지면 다시 원래의 상태로 돌아가는 개념이 피드백의 원리이다. 체중계는 피드백의 원리를 이용한 물건이다. 체중계에 사람이 올라가면 체중에 따라 압력이나 장력이 발생하게 되고, 이에 따라 체중계 바늘이 움직인다. 사람이 체중계에서 내려오면 압력이나 장력을 일으켰던 외부요인이 사라지면서 체중계의 바늘은 다시 원상태로 돌아간다. 물의 수위에 따라서 잠금장치가 작동되는 화장실 변기의 물 공급장치, 자동차 계기판의 경고등(연료·오일·엔진 경고등)도 23번 피드백의 원리가 적용된 장치이다.
 피드백이란 말을 우리는 흔히 인터넷에 댓글을 달거나, 강의가 끝나고 강의를 평가하거나, 어떤 행사가 진행되고 난 후 평가하는 것으로 이해한다. 그러나 피드

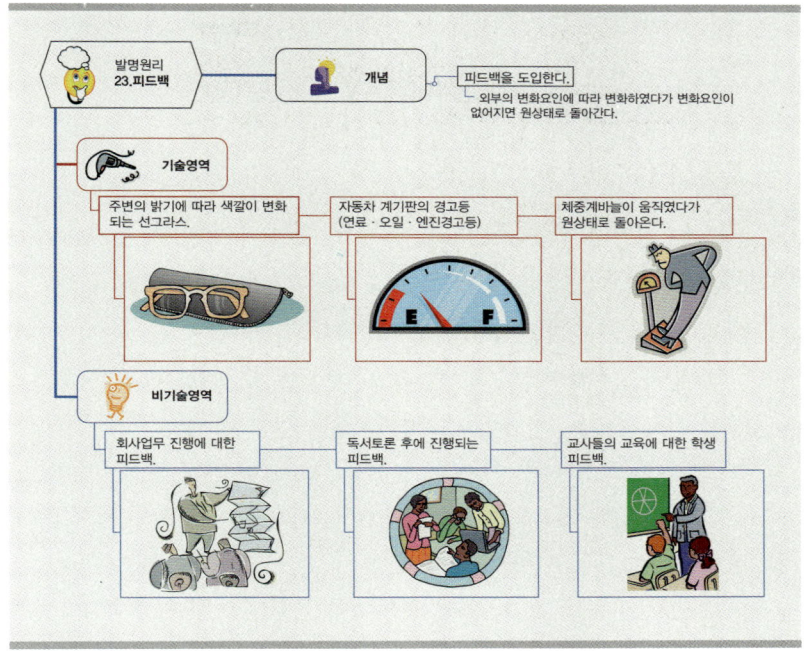

백의 의미에 정확히 부합하기 위해서는 단순한 댓글이나 평가로 끝나는 것이 아니라, 댓글과 평가가 다음의 행사에 영향을 주는 주요 원인으로 작용할 수 있도록 순환고리가 만들어져야 한다.

'일승일패一勝一敗는 병가지상사'라는 말이 있다. 즉, '한 번 이기고 한 번 지는 것은 전쟁터에서는 늘 있는 일이다'라는 뜻이다. 사람이 한 번쯤 실수할 수도 있으니 너무 크게 자책하지 말라는 의미이다. 그렇다고 해서 '똑 같은 실수를 반복해도 된다'는 뜻은 아니다. 한 번 저지른 실수를 잘 기억하였다가 다시는 같은 실수를 저지르지 않도록 주의하는 사람이 피드백의 원리를 잘 이해한 사람이라 할 수 있다.

23번 피드백의 원리에서 모순 찾기

● 화장실 변기

하루에도 여러 번 이용하게 되는 변기는 사람이 앉아서 용변을 볼 수 있는 부분과 물탱크로 이루어져 있다. 물탱크에 물을 채워 변기에 흘려보내면, 물의 하중으로 변기 밑에 연결된 하수구로 밀어내게 된다. 그래서 변기의 물탱크에는 항상 일정 양의 물이 채워져 있어야 한다.

물을 채우기 위해서는 물을 틀어놓아야 하는데, 물이 채워진 다음에는 물을 잠가야 한다. 그러나 볼일을 보고 매번 물을 틀어놓았다가 물이 채워지면 다시 잠그는 작업을 해야 한다면 매우 귀찮은 작업이 될 것이다. 사람이 해야 하는 것과 하기 싫은 것을 찾아 모순으로 정리해보면, '변기의 물이 일정하게 유지되도록 관리하여야 한다. 하지만, 귀찮은 일이기 때문에 관리해서는 안 된다'라는 모순을 찾을 수 있다.

사람이 직접 관리하지 않으면서 변기의 물을 일정하게 유지할 수 있는 방법을 생각해보자. 물의 양이 일정하게 유지되기 위해서는 물탱크 안의 물의 수위가 일정하게 유지되어야 한다. 그렇기 때문에 물을 틀어놓은 상태에서 물이 일정 수위에 도달하면 자동으로 물을 잠그고, 물을 변기로 흘려보내서 물의 수위가 낮아지면 자동으로 물을 틀어놓을 수 있도록 만들어야 한다.

이 모순은 23번 피드백의 원리를 이용하여 물의 수위에 따라 조절되는 물 공급장치를 개발하여 해결할 수 있다.

● **일승일패는 병가지상사(一勝一敗 兵家之常事)**

　　동양의 고전 〈삼국지〉에서는 천하의 패권을 두고 위·촉·오 삼국이 치열하게 경쟁하며 수없이 많은 전쟁을 치르게 된다. 당시의 군법에는 장수가 병사를 이끌고 나간 전쟁에서 패하게 되면 참수를 하게 되어 있었다. 하지만, 유비·조조·손권 등은 그 누구도 한 번의 패배에 대한 책임을 물어 장수를 '참' 하는 일은 없었다. 책사들은 오히려 패장에게 은혜를 베풀어야 한다고 간하였다. 목숨을 빚진 패장은 자신의 패배를 만회하고자 다음 전쟁에서는 죽기를 각오하고 싸우게 된다는 것이 책사들의 논리였다.

　　그렇다면, 전쟁에서 패한 장수를 처벌하는 것과 피드백은 무슨 연관이 있는 것일까? 군대라는 조직은 전쟁을 수행하기 위해 만들어진 조직이다. 전쟁이란 것이 적군의 군대와 목숨을 놓고 다투는 일이기 때문에, 전쟁을 수행할 때마다 병사의 수는 줄어들 수밖에 없다. 그렇기 때문에 전쟁이 끝난 후에는 살아남은 병사들을 모아 군대 조직을 재편하여 다음 전쟁에 대비하여야 한다. 다시 말해서 군대란 조직은 전쟁을 하고 나면 다시 원래대로 보충하고, 그 다음 전쟁을 하고 나면 다시 원래대로 보충을 해야 한다. 그런데 싸움에 패하였다고 장수를 처벌한다면, 다음 전쟁을 위한 군대 조직 복구가 어려워질 것이다. 즉, 피드백의 원리가 순조롭게 작동하지 않게 될 것이다.

발명원리24
중간매개물(Intermediate)

자동차는 엔진의 힘을 이용하여 바퀴를 굴려 앞으로 전진한다. 엔진이 만들어내는 작용은 상하 왕복운동인데, 이 운동은 크랭크와 기어를 이용하여 직선운동을 회전운동으로 바꾼다. 이렇게 두 개의 객체 사이에서 특정한 역할을 하는 것이 바로 중간매개물이다.

중간매개물의 역할은 매우 광범위하다. 앞에서 얘기한 것처럼 성질을 바꿔주는 역할을 할 수도 있고, 볼트와 너트 사이에 넣는 와셔는 둘을 고정하는 역할을 한다. 회전체에 들어가는 구리스와 베어링은 두 객체 사이의 마찰저항을 줄여주고, 컴퓨터 서버의 전원 보조장치인 UPS는 정전 사고에 의한 데이터 손실을 방지하는 역할을 한다.

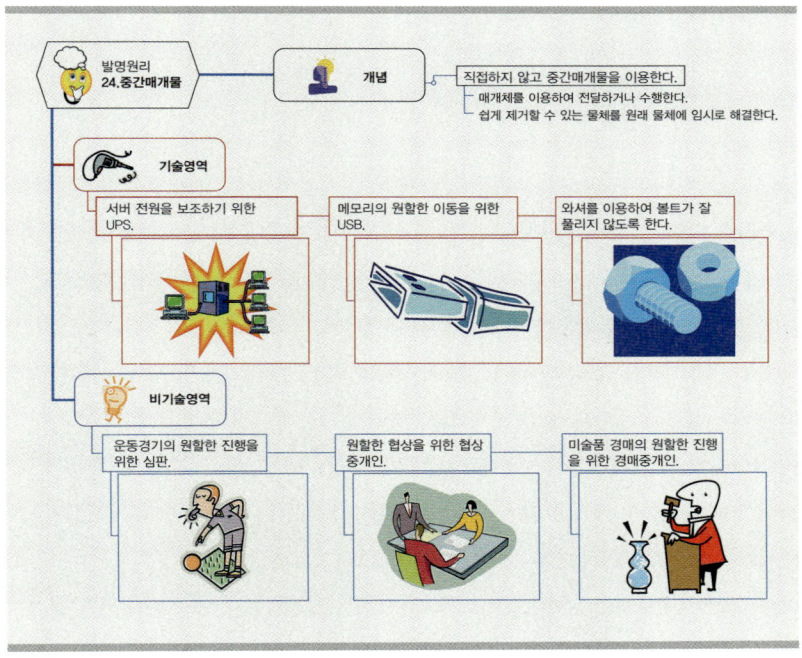

　집을 살 때는 부동산 중개사 사무실에 가고, 중고차를 살 때는 중고차 매매상을 찾아간다. 그리고 두 남녀를 연결시켜주는 중매쟁이도 있다. 운동경기장에는 심판이 있고, 법정에는 판사가 있다.

24번 중간매개물의 원리에서 모순 찾기

● 심판

축구나 야구와 같은 스포츠 경기에서 심판의 역할은 매우 중요하다. 심판은 양팀 선수들이 반칙을 하는지를 감시하고 경기의 룰이 제대로 지켜지고 있는지를 감시하게 된다. 그리고 양팀 선수들이 애매한 상황에 대립하고 있을 때 룰에 따라 정확히 판정해야 하는 역할을 담당하고 있다.

만약 심판이 없다면 어떠한 일이 벌어질까? 선수들은 반드시 이겨야 한다는 필승의 의지로 똘똘 뭉쳐 있기 때문에 다소 무모한 행동을 하게 될 수도 있고, 때로는 반칙을 해서라도 경기에 이기려 할 것이다. 반칙이 발생하면 상대팀은 이에 항의할 것이고, 양팀이 원만하게 합의하지 못하게 되면 싸움으로 번지게 될 수도 있다.

'선수는 반칙을 해서는 안 된다. 하지만 반칙을 해서라도 이기고 싶어한다'라는 것이 운동 경기에서의 모순이라고 할 수 있다. 이 모순을 해결하기 위해서는 어느 한 팀에 치우치지 않고 공정한 판결을 해줄 수 있는 제삼자가 필요할 것이다. 이 역할을 하는 것이 바로 심판이다.

● 중고차 매매

중고차를 구입하는 경우를 생각해보자. 대개 중고차를 구입하게 되는 이유는 새 차보다 저렴하게 구입할 수 있기 때문이다. 하지만, 차에 대한 전문지식이 없는 일반인은 중고차를 제대로 평가할 수 없기 때문에 중고차 구입을 망설이게 된다.

새 차보다 가격이 저렴하기 때문에 중고차를 구매하는 것이 좋지만, 차에 대한 전문지식이 없기 때문에 중고차를 구입하는 것은 다소 어려운 문제가 될 수 있다. 즉, 중고차 구입에서는 '중고차를 구입해야 하지만, 구입해서는 안 된다'라고 하는 모순을 찾아낼 수 있다. 이 모순은 중간매개물의 원리로 해결할 수 있다. 중고차에 대해 전문지식을 가지고 있는 중고차 매매상의 추천을 받아 중고차를 구매하게 되면, 전문지식을 갖고 있지 않더라도 중고차를 구매할 수 있다.

발명원리25
셀프서비스(Self-Service)

주차를 힘들어 하는 여성 운전자를 위해 자동주차시스템이 장착된 고급 승용차 광고를 본 적이 있다. 셀프서비스는 말 그대로 스스로 서비스하거나 수리되거나 보충되는 것을 의미한다. 노펑크 타이어란 제품이 있다. 이 제품은 타이어 내부에 공기 대신 합성수지로 된 충전재를 넣은 타이어이다. 액체인 충전재는 공기 중에서 급격히 경화되는 성질이 있어 펑크가 나게 되면 타이어 밖으로 빠져나오면서 경화되어 자동으로 구멍을 막게 된다.

자동문의 경우 사람이 다가오면 열렸다가 사람이 없으면 닫히게 된다. 어찌 보면 피드백의 원리라고 생각할 수도 있으나, 문이 닫히는 작용이 원상태로 복원되는 개념이라기보다는 문이 열린 후 일정시간 뒤에 자동으로 동작하는 기능이기

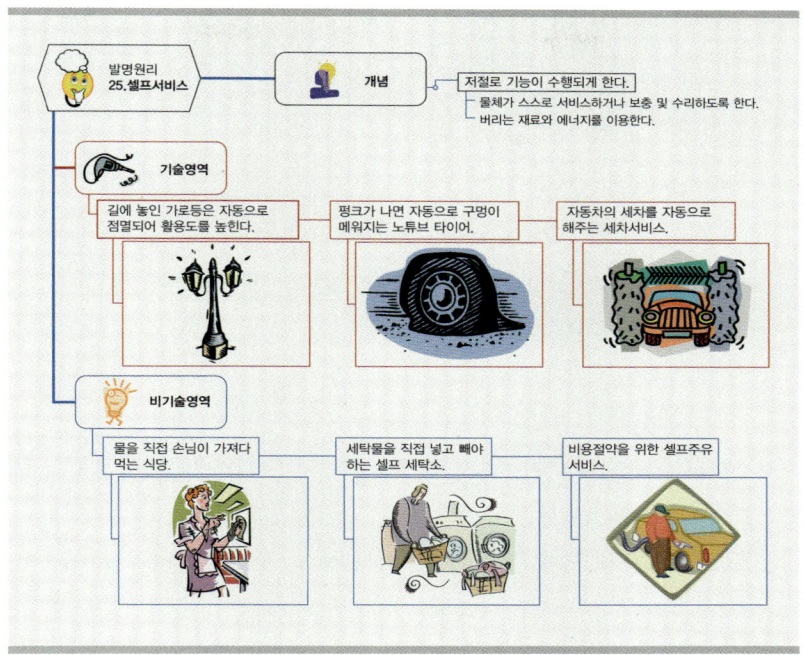

때문에 셀프서비스의 기능으로 보는 것이 더 적절하다. 셀프서비스와 피드백은 유사한 점이 많이 있다. 하지만 둘의 가장 큰 차이점을 보면 피드백은 외부 환경에 따라 변화하였다가 다시 원상태로 돌아가야 하지만, 셀프서비스는 자동으로 작동되어 특정한 목적을 수행하는 것이고 수행 후에 원상태로 돌아갈 필요가 없다.

애완동물용 먹이 자동공급장치의 경우 피드백의 원리가 적용된 것과 셀프서비스의 원리가 이용된 것이 있다. 피드백의 원리가 적용된 장치는 먹이가 없어지면 자동으로 채워지는 장치로서, 먹이그릇에 항상 먹이가 채워지도록 되어 있다. 하지만 셀프서비스의 원리가 적용된 장치는 매일 일정한 시간에 일정량의 먹이가 공급되도록 설계되어 있다.

25번 셀프서비스의 원리에서 모순 찾기

● **자동문**

셀프서비스란 롯데리아나 맥도날드 같은 패스트푸드점이나 스타벅스와 같은 커피 전문점 그리고 뷔페 식당에서 많이 쓰는 말이다. 그런데 이 셀프서비스라고 하는 것은 다분히 가게주인의 입장에서 만들어진 것이라고 할 수 있다. 필요한 것이 있으면 손님이 알아서 서비스하란 소리니 주인 입장에서는 인건비 절감 등의 효과가 있을 것이다.

그러나 발명원리 25번에서 말하는 '셀프서비스'는 이런 것과는 약간의 차이가 있다. 트리즈에서는 일정한 조건이 맞춰지면 자동으로 기능을 수행하는 것을 '셀프서비스'라고 한다.

자동문을 예로 들어보자. 자동문에는 센서가 있어 사람이 가까이 다가오면 이를 감지하여 문을 자동으로 열어준다. 자동문이 문을 열기 위해 충족되어야 할 조건은 문과 사람과의 거리이다. 자동문이 생긴 이후로 사람이 일일이 문을 여닫는 불편은 해소되었다. 그럼 자동문이 해결한 모순은 무엇일까?

자동문은 보통 백화점·호텔·회사·관공서 등과 같이 사람들의 왕래가 빈번한 장소에 설치되어 있다. 자동문이 설치되기 전에 이런 곳에서는 사람들의 왕래가 빈번하다 보니 문이 열린 채로 있는 경우가 많았을 것이다. 이러면 효율적인 냉난방을 하기가 쉽지 않다. 그리고 식당과 같은 장소에서 문이 열린 채로 있다면 손님들이 불편을 겪을 수도 있을 것이다.

손님이 오면 당연히 문을 열어주어야 하지만, 손님이 너무 많으면 일일이 문을 열어줄 수가 없다. 또 손님이 들어오고 나면 문을 닫아야 하지만, 손님이 많다면 그때마다 일일이 문을 닫기도 어려운 상황이 되고 만다. 즉, '문을 열어야 하지만, (주인이 직접) 문을 열어서는 안 되고, 문을 닫아야 하지만 (주인이 직접) 문을 닫아서도 안 된다'라는 모순을 찾을 수 있다. 이 모순은 손님을 자동으로 감지하여 문을 열었다가 일정 시간 후 자동으로 닫히는 자동문을 통해 해결할 수 있다.

발명원리 26
복사(Copy)

복사라는 단어에는 어떤 의미가 숨어 있을까? 복사본이 있다면 어딘가에는 원본이 있다는 말일 것이고, 복사라는 단어에서는 복사기를 연상하기 쉬울 것이다. 복사라는 말을 들으면 외형적으로 동일한 것만을 떠올리기 쉽겠지만, 원본을 대체할 수 있는 것이라면 모두 복사의 범주에 포함시킬 수 있다.

어두운 곳에서 사진을 찍고 싶지만 플래시를 사용할 수 없다면 적외선 카메라를 이용하면 된다. 그리고 촬영의 목적이 단순히 사람이나 동물의 존재만 확인해도 된다면 열 감지 카메라를 이용하는 방법도 있다. 인터넷에서는 나를 대신하여 나의 존재를 나타내는 '아바타'라는 것이 있고, 화재나 재난재해 등의 상황을 가상으로 재현하는 시뮬레이션 프로그램도 있다.

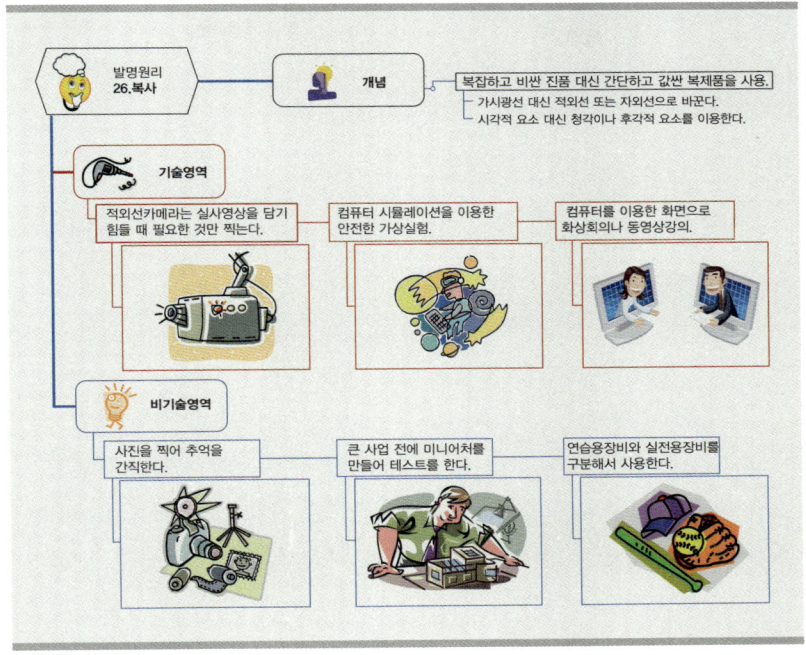

 "왜 책을 읽어야 하는가?"라는 질문에 대해 필자는 '내가 알지 못하는 것을 알 수 있기 때문'이라는 대답을 떠올리지만, 필자가 아는 어떤 분은 "책을 읽는 것은 도둑질과 같다"고 말한다. 그 분은 또 돈 1,2만원으로 다른 사람의 지혜와 인생을 얻어오는 것이기 때문에 책을 읽을 때마다 책을 쓴 사람에게 감사한 마음이 든다고 말한다. 필자 역시 그 분의 의견에 동의한다. 책을 통해 다른 사람의 인생을 대신 경험할 수 있고, 다른 사람의 실패를 통해 나의 실패를 예방할 수 있고, 다른 사람의 성공을 따라 내가 성공할 수 있기 때문이다. 다른 사람의 기쁨, 분노, 사랑 그리고 즐거움을 대신 경험할 수 있는 책이야 말로, 26번 복사의 원리가 가장 잘 적용된 것이라 생각한다.

26번 복사의 원리에서 모순 찾기

● 최고급 스포츠카

남자에게 자동차는 특별한 의미가 있다고 할 수 있겠다. 특히, 최고급 스포츠카를 향한 남자들의 로망은 남다르다. 하지만, 고급 스포츠카의 가격이 웬만한 아파트 한 채 값과 비슷하다 보니 갖고 싶은 마음은 굴뚝 같지만, 실행에 옮기는 것은 어렵다. 여기에서 '최고급 스포츠카를 사고 싶지만, 돈이 없으니 사지 못한다'라는 모순을 찾을 수 있다.

이 모순을 해결하는 방법은 여러 가지가 있을 것이다. 하지만, 지금 당장 실행에 옮길 수 있는 방법에는 어떤 것이 있을까? 자신의 컴퓨터 바탕화면에 내가 갖고 싶은 차의 사진을 띄워놓는 방법은 어떨까? 필자의 노트북에는 미니 '컨트리맨'이 띄워져 있다. 그림만 가지고 만족하지 못한다면, 잘 만들어진 프라모델을 소장하는 방법도 생각해볼 수 있다. 내가 갖고 싶은 것은 진짜 스포츠카이지만 당장 그것을 가질 수 없으니 사진 이미지나 축소 모형으로 대리만족을 얻고자 하는 것이다.

● 적외선카메라

동물의 왕국과 같은 동물 다큐멘터리를 촬영을 하는 사람들은 적외선카메라를 이용하여 야행성 동물들의 모습을 촬영하곤 한다.

특히, 올빼미나 재규어 같은 맹수들은 밤

에만 사냥을 하는 습성을 가지고 있기 때문에, 이런 야행성 맹수들의 사냥 모습을 촬영하는 것은 매우 어려운 작업이다. 한 치 앞도 분간할 수 없는 캄캄한 밤에 맹수들의 모습을 찾아내는 것도 문제지만, 이들이 사냥하는 모습을 빛 없이 촬영하는 것도 문제이다. 맹수들을 찾기 위해서 혹은 사냥하는 모습을 촬영하기 위해서 조명을 사용한다면, 맹수들은 모두 달아나 버릴 것이기 때문이다.

다큐멘터리 촬영팀이 가지고 있는 모순은 무엇일까? '촬영을 하기 위해서는 조명이 있어야 하지만, 맹수들이 달아나기 때문에 조명을 사용해서는 안 된다'라는 모순을 찾을 수 있다. 이 모순을 해결한 것은 바로 적외선카메라이다. 적외선카메라는 사람의 눈으로 확인 가능한 가시광선으로 촬영하는 것이 아니라, 물체의 온도에 따라 발산되는 빛의 파장을 감지하여 촬영하는 카메라이기 때문에, 빛이 없는 캄캄한 어둠 속에서도 동물들의 체온을 이용하여 촬영이 가능하다.

우리가 육안으로 확인할 수 있는 가시광선에 의해 보여지는 모습을 원본이라고 한다면, 적외선카메라가 체온으로 감지하는 모습은 복사본이라 할 수 있고, 이 복사본을 촬영하면 원본처럼 컬러풀한 영상을 얻을 수는 없지만 동물들의 모습을 뚜렷하게 확인할 수는 있다.

발명원리27
값싸고 짧은 수명(Cheap Short Life, 일회용)

우리 주변에 널려 있는 것이 일회용 제품들이다. 필자의 책상 위에도 벌써 종이컵이 3개나 올려져 있다. 일회용 제품이 사용되는 이유는 값비싼 제품을 대체하기 위한 것이 가장 큰 목적이다. 그뿐만 아니라 안전을 위해서, 위생을 위해서 혹은 편익을 위해서 등 일회용품의 사용 범위와 목적은 매우 넓고 다양하다.

소유즈 우주선이 일회용이라는 사실을 알고 있는가? 우주선이 일회용이라고 하면 놀라는 사람들이 의외로 많다. 무엇보다 우주선 개발에 막대한 비용이 필요하기 때문에 그 비싼 걸 한 번 쓰고 버린다는 것에 아깝다는 생각이 먼저 들기 때문인 것 같다. 우주선이 일회용으로 만들어지는 것은 안전성 문제가 가장 큰 이유이다. 비용 문제로 미항공우주국 NASA는 우주왕복선을 개발하였고, 1981년 최

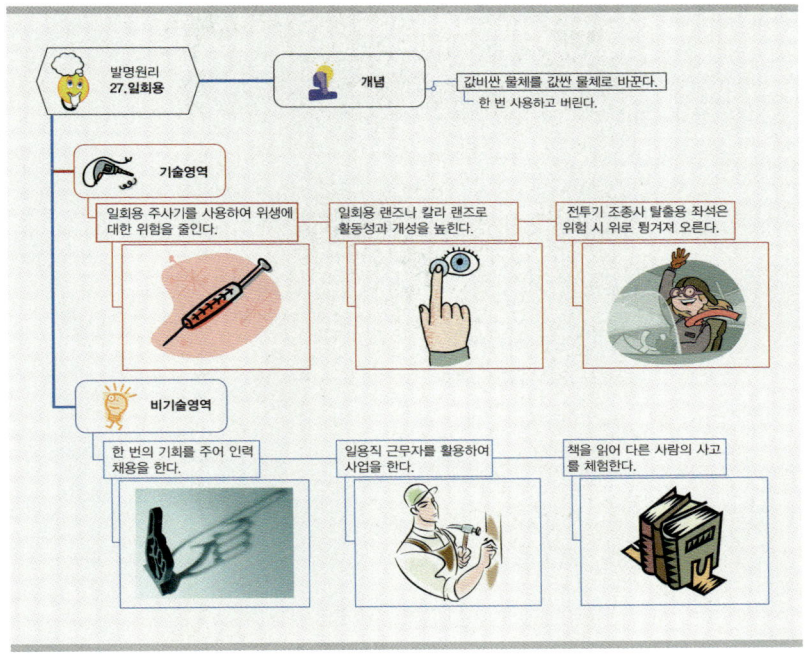

초의 우주왕복선 컬럼비아호가 우주로 날아갔다. 그러나 1986년 챌린저호의 사고와 2003년 컬럼비아호의 사고로 인해 우주왕복선의 안전성에 대한 의문이 커지게 되었고, 결국 2011년 7월 8일 아틀란티스호의 발사를 끝으로 더 이상의 우주왕복선은 개발하지 않기로 결정하였다. 비정규직을 일회용 제품에 빗대어 말하는 경우가 많다. 하지만, 능력이 있는 사람이 비정규직으로 일하는 경우도 많이 있다. 예컨대 텔레비전에 출연하는 영화배우·가수·개그맨 등은 모두 비정규직이다. 전문직업이라 할 수 있는 카피라이터·시인·소설가·화가·건축사 등도 비정규직인 경우가 많다.

27번 값싸고 짧은 수명의 원리에서 모순 찾기

● 종이컵

우리가 흔히 사용하는 종이컵. 점심을 먹은 후 커피자판기에서 커피 한 잔을 뽑아 들고 동료들과 대화를 나눈다. 커피를 다 마시고 난 후 종이컵은 쓰레기통에 버려진다. 이처럼 한 번 쓰고 버리는 일회용품에는 어떠한 모순이 숨어 있을까?

일회용 컵의 모순은 매우 단순하다. 커피를 마시기 위해선 컵이 있어야 한다. 그러나 컵을 닦는 것이 귀찮기 때문에 컵은 없어야 한다. 즉, '컵은 있어야 하고, 없어야 한다'라는 모순을 바로 찾을 수 있다. 이 모순은 한 번만 쓰고 버리는 일회용 종이컵으로 해결할 수 있다.

● 일회용 주사기

단순히 귀찮아서가 아니라, 위생과 경제적인 이유 때문에 일회용을 쓰는 경우도 있다. 일회용 주사기는 사람의 몸에 약을 주입하는 데 사용된다. 그렇기 때문에 위생적인 처리가 매우 중요하다. 주사기를 재사용하기 위해서는 주사바늘에 대한 살균 처리는 물론 주사기 내부에 잔존물이 남아 있지 않도록 철저히 세척해야 한다. 이렇게 철저히 세척하려면 세척비용이 주사기 가격보다도 높아지게 된다.

따라서 사람에게 주사약을 주입할 때 주사기는 있어야 하지만, 세척비용이 많이 들기 때문에 주사기는 있어서는 안 된다. 즉, '주사기는 있어야 하고, 있어서는 안 된다'라는 모순을 찾아낼 수 있다. 이 모순은 한 번만 쓰고 버리는 일회용 주사기로 해결할 수 있다.

우리의 인생은 길어봐야 100년 정도를 사는 일회용 인생이라 말할 수 있다. 보통 일회용품이 단순히 수명이 짧고 값싼 것이라는 개념을 가지고 있지만 수명이 짧다면 어느 정도가 짧은 것인지, 값이 싸다면 얼마부터가 값이 싼 것인지에 대한 기준은 없다. 내 인생의 기준을 스스로 정해보자. 우리는 100년도 못사는 일회용 인생이 아니라, 1년짜리 인생을 100번이나 재사용하는 인생이고, 하루짜리 인생을 1년 동안 365번이나 재사용하는 인생이라고 말할 수도 있다.

발명원리28
기계시스템의 대체 (Replacing Mechanical System)

복잡한 기계적 작용을 단순화시키는 과정이 바로 28번 기계시스템의 대체 원리이다. 기계적 측정이나 장치 없이 사람이 가지고 있는 시각·후각·청각을 이용하여 감지하도록 하는 것도 여기에 해당된다. 그리고 전기장이나 자기장과의 상호작용을 통해, 움직이지 않던 것을 움직이게 하거나 반대로 움직이던 것을 움직이지 않도록 유도하는 것도 여기에 해당한다.

가스레인지에서 새어 나오는 LP 가스의 냄새를 기억할 것이다. 원래 LP 가스는 무색·무취이지만 가스에 황화합물을 첨가하여 마늘 썩는 듯한 냄새가 나게 해 사람들이 가스의 존재를 알 수 있도록 하였다. 타이어 옆면에는 삼각형 표시가 있다. 이 표시는 타이어의 마모한계선을 표시한 것으로, 이 삼각형 표지만 보면 타이어

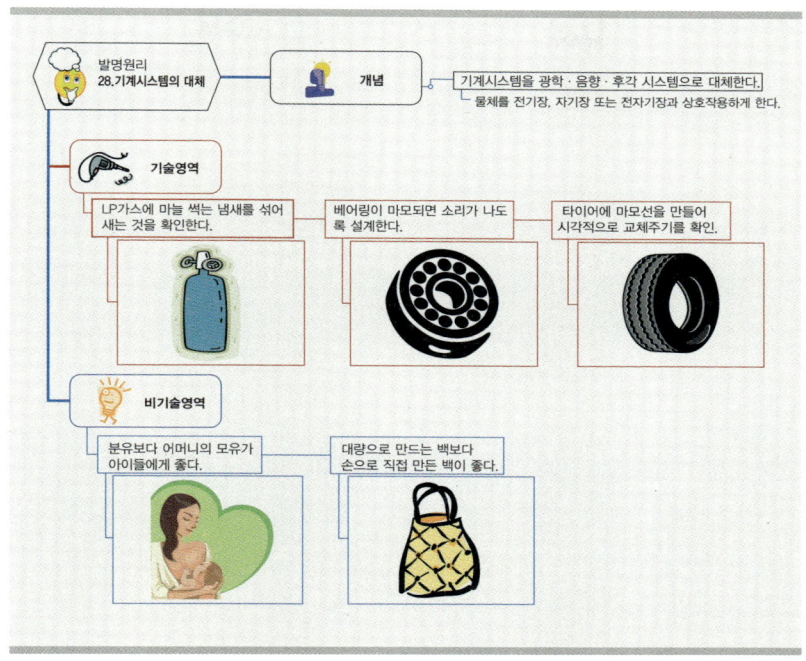

교환 시점을 알 수 있다. 또 맥주 중에는 마시기에 좋은 온도일 때 파란색 마크가 표시되도록 하여 마케팅에 활용한 사례도 있다. 왼편의 그림은 신용카드로 물건 값을 지불하는 장면이다. 현금을 받아서 금고에 넣었다가 다시 은행에 가서 저금하는 과정을 전자기 신호의 교환만으로 모든 과정을 축약해버린 것이다.

 필자는 최근에 텔레비전에서 〈생활의 달인〉이란 프로그램을 본 적이 있다. 〈생활의 달인〉에서는 수십 년간 한 분야에 종사하며 부단한 열정과 노력으로 달인의 경지에 이르게 된 사람들의 이야기가 펼쳐진다. 이들은 기계보다 빠르게, 기계보다 정확하게 일을 처리한다. 기계산업이 발전하였지만, 오직 사람만이 할 수 있는 작업의 가치가 날로 높아지게 될 것으로 예상된다.

28번 기계시스템의 대체의 원리에서 모순 찾기

● 신용카드

요즘에는 지갑 속에 현금을 많이 넣고 다닐 필요가 없다. 아침에 지하철과 버스를 타고 회사에 갔다가 점심시간에 식사를 하고, 퇴근 후에 친구들과 어울려 저녁을 먹고, 택시를 타고 집으로 돌아오기까지 하루 종일 현금을 한 번도 사용하지 않을 수도 있다. 이러한 것이 가능해진 것은 신용카드의 사용이 현금거래를 대체하고 있기 때문이다. 신용카드는 현금거래의 모순을 해결하였다.

그럼 현금거래에서 발생하는 모순은 무엇인가? 물건을 사기 위해서는 현금을 가지고 있어야 한다. 하지만 현금을 갖고 있기 위해서는 은행에 가서 돈을 찾아와야 하기 때문에 좀 귀찮다. 그리고 현금을 많이 가지고 있으면 분실할 위험이 있기 때문에 현금은 없어야 한다. 즉, '현금은 있어야 하지만 없어야 한다'라는 모순을 바로 찾아낼 수 있다. 신용카드는 현금의 모순을 해결하면서 현금의 기능을 대체한 해결책이다.

● LPG 가스

이번에는 LPG 가스에 대한 모순을 찾아보도록 하자. 집집마다 LPG 가스(혹은 LNG 가스)를 사용하고 있지만, 가스가 누출되면 대형사고로 이어질 수 있기 때문에 매우 주의하여 사용하여야 한다. LPG 가스는 무색·무취의 기체이기 때문에 가스가 누출되는지를 알아내기 위해서는 가스탐지기가 필요하다. 하지만 가스탐지기를 모든 집에 설치해야 하고, 또한 가스관 연결부

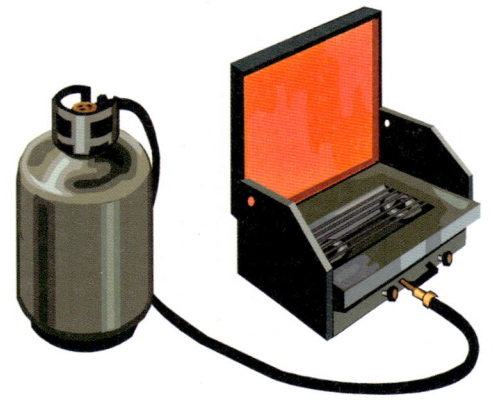

위마다 설치하여야 하기 때문에 막대한 비용이 필요하다. 따라서 가스탐지기 없이 가스 누출을 감지할 수 있는 방법이 필요하게 되었다. '가스탐지기는 있어야 하고, 없어야 한다'라는 모순을 해결하기 위해, LPG 가스에 악취를 집어넣어 가스가 누출되었을 때 냄새로 감지할 수 있도록 하였다.

발명원리29
공기 및 유압의 사용(Pneumatics & Hydraulics System)

물과 공기의 힘은 우리가 생각하는 것보다도 훨씬 더 강력하다. 따라서 우리 주변에는 공기와 물의 힘을 이용하는 사례를 쉽게 찾아볼 수 있다. 위의 그림은 점포 개업행사에서 흔히 볼 수 있는 키다리 인형이다. 인형 몸 속으로 공기가 주입되었다가 빠지는 작용이 반복되면 인형은 춤을 추듯 움직이게 된다. 키다리 인형을 로봇으로 대체한다면 만만치 않은 비용이 들게 될 것이다. 자동차용 에어백·에어 서스펜션(공기 용수철)·에어 콤프레셔·타이어 등은 공압을 이용한 것이고, 포크레인·불도저·유압 실린더·쇼크 업소버·유압 프레스·착암기·브레이크 등은 유압을 이용한 것이다.

우리가 늘 사용하는 말이나 글도 물과 공기처럼 생각보다 훨씬 더 강력한 경우

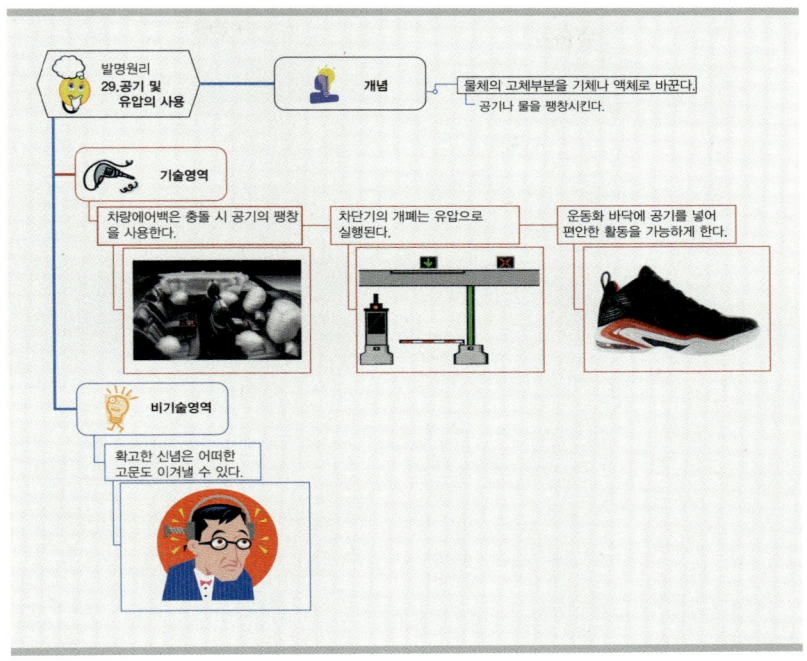

가 많다. 영국의 소설가 에드워드 리턴은 "The pen is mightier than the sword."란 말을 남겼다. 이 말은 인간의 신념과 의지가 정치권력과 군사력보다 우월하다는 의미이다. 이처럼 사람의 글이나 말은 현실에서 큰 힘을 발휘할 수 있다. 별 생각 없이 그저 장난으로 올려놓은 인터넷상의 댓글 한마디가 어떤 사람에게는 씻을 수 없는 상처가 될 수 있다. 또 사실을 왜곡한 글을 인터넷에 올려 막대한 부당이득을 취하는 사람들도 있다.

에드워드 리턴은 짐승의 법칙인 폭력을 버리고 사람의 법칙인 비폭력을 강조하기 위해서 한 말인데, 그 비폭력의 힘이 또 다른 폭력으로 우리 앞에 자리잡고 있다.

29번 공기 및 유압의 사용의 원리에서 모순 찾기

● 키다리 풍선인형

새로 개업한 음식점이나 상점 앞에서는 가게를 홍보하기 위해 음악을 크게 틀어놓고 내레이터 모델이 커다란 키다리 풍선인형과 함께 춤을 추는 모습을 볼 수 있다. 키다리 인형은 몸 속으로 공기가 채워졌다가 빠지는 작용이 반복되면서 춤을 추는 듯한 효과를 얻는다. 키다리 인형이 있기 전에는 사람이 동물 분장을 하고 옆에 서 있거나, 키다리 목발을 신고 피에로 분장을 하고 있기도 했다.

행사장에서 내레이터 모델이 춤을 추고는 있지만, 이들이 하루 종일 춤을 추고 있을 수는 없다. 그리고 가게의 규모가 크면 내레이터 모델이 눈에 띄지 않기 때문에 이들을 보조해줄 수 있는 동물 분장의 사람이나 키다리 아저씨가 함께 있어야 한다. 하지만 이들을 모두 사용하기에는 비용이 너무 많이 들기 때문에 이것도 쉽지 않다.

내레이터 모델을 보조하는 사람은 필요하지만 비용 때문에 이들을 쓸 수가 없는 상황, 이것이 바로 모순이다. 즉, '보조 진행용 동물 분장과 키다리 아저씨가 있어야 하지만, 있어서는 안 된다'라는 것이 모순이 된다. 이 모순을 해결한 것이 저렴한 비용의 거리 홍보용 키다리 풍선인형이다.

● 에어 서스펜션

에어 서스펜션Air Suspension은 자동차의 충격 흡수장치이다. 에어 서스펜션은 차체(자동차의 몸체)와 차축(바퀴를 연결하는 축)을 연결시켜주는 부위에 설치되어, 지면으로부터 전달되는 충격을 차체로 전달되지 못하도록 차단하는 역할을 한다.

지면 위로 바퀴가 굴러가면서 지면의 요철에 따라 바퀴는 아래위로 흔들리게 된다. 바퀴가 흔들리게 되면 바퀴와 연결된 차축도 함께 흔들리게 된다. 차축이 차체와 직접적으로 연결되게 되면, 차체도 차축과 함께 흔들릴 수밖에 없다. 그렇기 때문에 차축은 차체와 직접적으로 연결되어서는 안 된다. 하지만 차축과 차체가 연결되지 않는다면 차축이 진행하는 대로 차체가 함께 움직이지 못하기 때문에 차축과 차체는 연결되어 있어야 한다.

차축과 차체에서는 '차축과 차체는 연결되어 있어야 하지만 연결되어 있으면 안 된다'라는 모순을 찾을 수 있고, 이 모순을 해결한 것이 29번 발명원리인 공압 및 유압을 이용한 공기주머니인 에어 서스펜션이다.

발명원리 30
유연한 막과 얇은 필름 (Flexible Membranes and Thin Film)

　우유나 주스처럼 사람이 마시는 음료를 탱크로 운송하게 되면, 탱크의 금속성분으로 인해 음료의 맛과 향이 변질될 수도 있고, 중금속 물질이 음료 속에 용해되어 잔류하게 될 수도 있다. 탱크를 비금속 물질로 만들 수도 있지만 내구성이 떨어진다. 이런 경우, 금속 탱크 내부를 무독성 물질인 테프론으로 코팅하여 문제를 해결할 수 있다. 테프론으로 코팅하면 맛과 향의 변질과 중금속 오염을 막을 수 있고, 외부는 금속성이기 때문에 내구성에 대한 문제도 해결할 수 있다.
　자장면을 배달할 때 그릇에 랩을 씌우면 음식물을 보호할 수 있다. 생선을 비닐봉지에 담아 냄새가 나지 않도록 할 수도 있다. 종이에 비닐을 코팅하면 잘 찢어지지 않고, 유리 표면에 필름을 코팅하면 잘 깨지지 않는다.

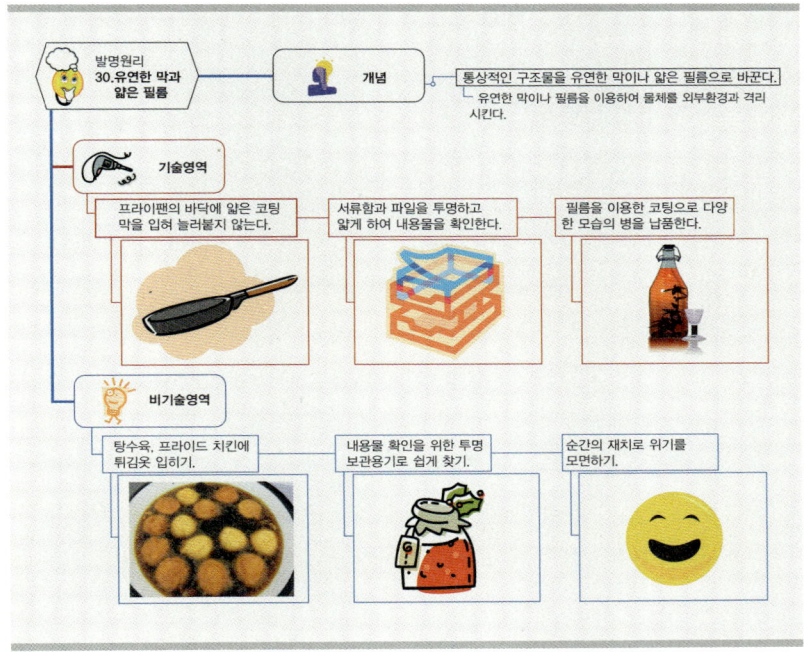

　30번 발명원리인 유연한 막과 얇은 필름을 적용하면 저렴한 비용으로 단점을 보완할 수 있고, 하나로 두 개의 역할을 하게 할 수도 있다.

　인간의 삶에서 유연한 막이나 얇은 필름과 같은 역할을 하는 것은 우리가 늘 사용하는 '말'이다. 말은 자기 생각을 표현하는 수단이긴 하지만 때로는 자기를 과대하게 포장하는 도구로 사용할 수 있고, 외부의 위협으로부터 자기를 보호하는 수단으로도 사용할 수 있으며, 다른 사람이 나를 돕게 할 수도 있다.

30번 유연한 막과 얇은 필름의 원리에서 모순 찾기

● 우유 수송용 탱크로리

매일 아침 집으로 배달되는 우유는, 목장에서 짜낸 우유를 우유공장으로 이송하여 처리과정을 거치고, 작은 단위로 포장되어 집까지 이동하게 된다. 우유는 사람이 먹는 음식이기 때문에 오염되어서는 안 되며, 운송과정 중 부패되어서도 안 된다. 특히 목장에서 우유공장으로 우유를 운반하기 위해 커다란 탱크에 우유를 담아 운반해야 하는데, 금속성의 탱크에 우유를 담게 되면 우유에 중금속 성분이 용해될 우려가 있다. 그렇다고 해서 무독성의 비금속 탱크에 우유를 담게 되면, 냉장 성능을 장담할 수 없어 쉽게 부패할 수도 있기 때문에 좋은 방법이 아니다. 결국 '<u>금속 탱크에 우유를 담아서 운송하여야 하지만, 금속 탱크에 담아서는 안 된다</u>'라는 모순을 찾을 수 있다.

이 모순을 해결할 수 있는 방법은 금속 탱크 내부에 무독성의 테프론을 얇게 코팅하는 것이고, 이를 통해서 금속성 탱크에 우유를 담아도 중금속에 오염되는 문제를 해결할 수 있다.

● 명함

업무적으로 사람을 만나면, 본인의 소속과 이름이 적혀 있는 명함을 주고받게 된다. 명함을 굳이 고급스럽게 만들 필요는 없겠지만, 본인의 이름을 알리는 물건이기 때문에 소홀히 다룰 수도 없다.

명함은 대개 종이로 만들게 되는데, 종이로 만드는 이유는 다양한 색깔

등으로 현란한 효과를 낼 수 있고, 또 가격도 저렴하기 때문이다. 하지만 종이는 쉽게 오염되고 물기에 약해 잘 찢어지는 단점이 있다. 이러한 단점을  보완하고자 얇은 플라스틱을 이용하기도 하고 어떤 사람은 얇은 금속판으로 명함을 만들기도 한다. 하지만 이러한 소재는 다양한 효과를 내기도 어렵고 비용도 많이 들기 때문에 선뜻 사용할 수가 없다. 플라스틱이나 금속을 사용하지 않고, 종이 명함이 갖고 있는 모순을 해결할 수 있을까?

먼저 종이 명함의 단점과 장점에서 모순을 찾아보자. 즉, '명함은 종이로 만들어야 하지만, 종이로 만들어서는 안 된다'라는 것이 모순이다. 그렇다면, 종이로 만들지만 종이보다 오염과 습기에 강한 소재를 찾으면 된다. 이 모순을 해결하기 위해 30번 발명원리를 이용하여 얇은 막을 종이 명함 위에 입히게 되면, 종이로 만들었지만 습기와 오염에 강한 명함을 만들 수 있다.

발명원리 31
다공성 물질(Porous Material)

구멍만 잘 뚫어도 위대한 발명을 할 수가 있다. 구멍 뚫는 게 별로 어려워 보이지 않을 수도 있겠지만, 구멍이 아주 작아지거나 아주 커지게 되면 매우 높은 기술력이 필요하게 된다.

구멍이 아주 작아서 물방울도 통과하지 못하도록 만든 고어텍스라는 소재가 있다. 고어텍스는 그 미세한 구멍으로 물방울은 차단하지만, 습기와 공기는 통과할 수 있도록 만들어져 있다.

주방에서 흔히 보는 프라이팬도 다공성 물질이 표면에 코팅되어 있다. 이 다공성 물질의 구멍으로는 음식물이 들어오지 못하기 때문에 눌어붙지 않는다.

위의 그림에 보이는 것은 구멍 뚫린 벽돌이다. 구멍 뚫린 벽돌은 구멍 속의 공

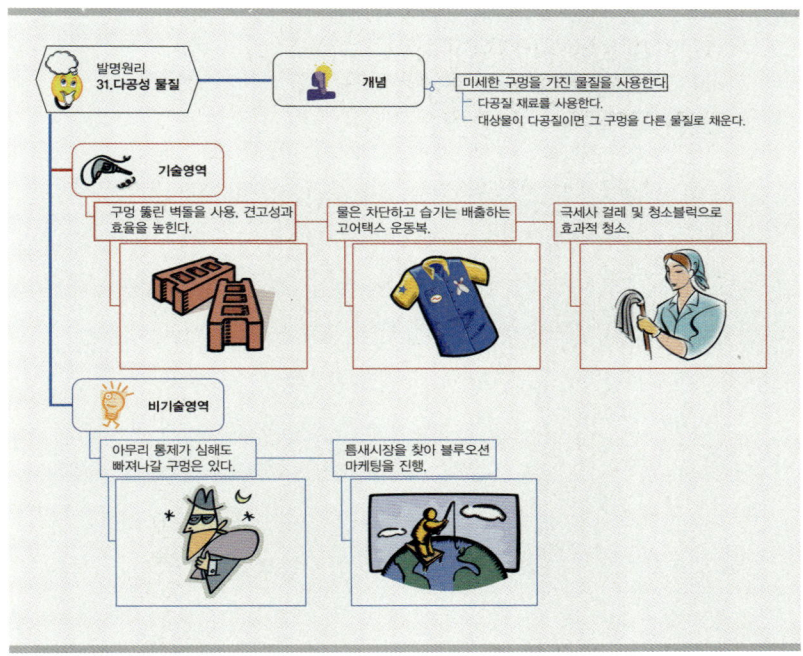

기 층으로 인해 단열효과를 기대할 수 있고, 일반 벽돌보다 무게가 가벼워 작업자의 부담을 줄여준다.

비기술적 영역에서는 틈새시장 전략을 다공성 물질의 원리로 생각해볼 수 있다. 틈새시장 전략이란 시장의 빈틈을 이용하여 진입하는 전략으로, 특정 소비계층을 상대로 판촉 활동을 벌이는 것을 말한다. 파스퇴르 우유는 기존의 고온살균법이 아닌 저온살균법을 사용한 우유를 개발했고 이를 웰빙으로 포장하여 시장에 진입하였다.

'하늘이 무너져도 솟아날 구멍이 있다'라는 말처럼, 어떤 상황에서도 분명 빠져나갈 구멍은 있고, 만약 구멍이 없다면 내가 그 구멍을 뚫어서 빠져나가야 할 것이다.

31번 다공성물질의 원리에서 모순 찾기

● **구멍 뚫린 벽돌**

벽돌이라는 소재로 집을 지으면, 따뜻함과 붉은색이 주는 강인함이 느껴지는 건물을 지을 수 있다. 그런데 벽돌은 점토를 구워 만드는 것이라서 무겁고 습기를 빨아들이는 특성이 있어, 물기가 있는 상태에서 날이 추워지면 습기가 얼면서 팽창하여 균열의 원인이 되기도 한다. 벽돌의 장점을 그대로 유지하면서 가볍고 습기에 강한 벽돌을 만들 수는 없을까?

점토를 구워 만드는 벽돌은 벽돌 틀에 반죽한 점토를 치밀하게 다져 넣어야 튼튼한 벽돌을 만들 수 있다. 하지만, 이렇게 다져 넣으면 벽돌은 무거워지고, 추위에 의한 습기의 팽창에 취약한 특성을 갖게 된다. 그렇다면 벽돌을 만들 때 점토 반죽을 다져 넣지 않으면 어떻게 될까? 제대로 반죽되지 않은 점토 반죽은 벽돌을 굽는 과정에서 터지거나, 완성된 후에도 잘 부서지게 된다. 따라서 '벽돌은 속을 꽉 채워야 하고, 속을 꽉 채우지 말아야 한다'라는 모순이 발생된다. 이 모순은 31번 다공성물질의 원리를 적용하면 단번에 해결할 수 있다. 잘 반죽한 점도를 치밀하게 다져 틀에 넣은 후 구멍을 뚫으면, 벽돌의 치밀한 조직을 유지하면서도 구멍이 뚫린 만큼 무게도 가벼워지고, 추위로 습기가 얼어 붙게 되더라도 뚫린 구멍만큼 여유가 있기 때문에 균열도 예방할 수 있는 벽돌을 만들 수 있게 된다.

● **코팅 프라이팬**

계란 프라이를 할 때 잘못하여 계란이 프라이팬에 달라붙어 스크럼블이

된 경험이 있을 것이다. 계란이 프라이팬에 달라붙는 것은 철판과 계란이 직접 접촉하게 되어 계란이 철판에 눌러붙기 때문이다. 이를 방지하기 위해서는 프라이팬 위에 기름을 두르고 프라이팬을 뜨겁게 달궈, 계란과 철판이 직접 접촉하지 못하도록 하면 된다.

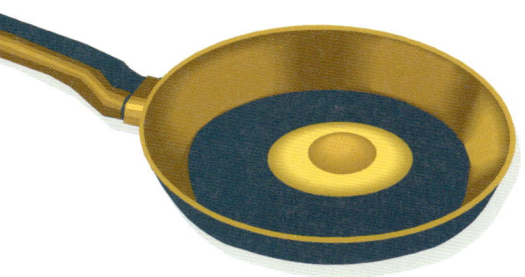

기름을 두르지 않더라도 음식물이 프라이팬에 달라붙지 않도록 하는 방법은 없을까? 계란 프라이가 달라붙는 것은 계란이 프라이팬의 철판과 직접적으로 접촉하기 때문이라고 설명하였다. 그렇다면 계란이 프라이팬 위에 떠 있도록 만든다면 달라붙는 문제는 해결할 수 있겠지만, 계란은 중력의 힘에 의해 프라이팬과 접촉할 수밖에 없다. 이 지점에서 뭔가 모순이 찾아지는가? 그렇다. '프라이팬은 음식물과 접촉하기도 하고 접촉하지 않기도 해야 한다'라는 것이 이 문제의 모순이다.

그렇다면 음식물이 프라이팬과 접촉하기도 하고 접촉하지 않기도 해야 한다는 것이 과연 가능할까? 물론 가능하다. 프라이팬 위에 아주 미세한 구멍이 뚫린 물질을 코팅하면 된다. 그런데 이 미세한 구멍은 계란을 구성하고 있는 계란의 분자 크기보다도 작은 구멍이어야 한다. 계란의 분자보다도 작은 구멍이 뚫려 있다면 계란을 코팅막 두께만큼 들어올리는 효과를 얻을 수 있을 것이다. 이 프라이팬이 바로 나노 공학기법으로 만들어진 코팅 프라이팬이다.

발명원리32
색깔변형(Changing Color)

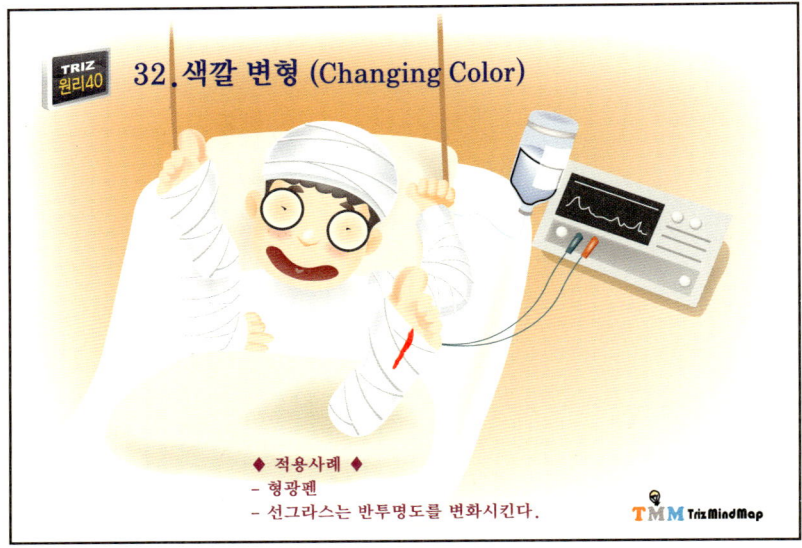

32번 원리는 '어떻게 색깔을 칠할 것인가'에 대한 것이다. 31번 원리처럼 32번 색깔변형의 원리도 별게 아닐 것으로 생각할 수 있겠지만, 단순히 색깔을 변화시키는 것만으로도 많은 문제를 해결할 수 있다.

병원에서 사용하는 붕대가 왜 하얀색으로 되어 있는지 생각해본 적이 있는가? 병원은 깨끗해야 하니까 하얀색을 쓰는 것일까? 위의 그림에서 보면 환자의 몸을 온통 하얀색 붕대로 감아놓은 것을 볼 수 있다. 이처럼 병원에서 하얀색 붕대를 쓰는 것은 피가 스며나오는 것을 빨리 발견해내기 위한 것이다. 또 주변환경의 오염을 방지하고자 하는 목적도 있다. 주변을 깨끗이 하여 세균 감염을 방지할 수 있고, 또 환자 몸 상태의 변화를 빨리 발견하여 신속한 조치를 취할 수도 있다. 이

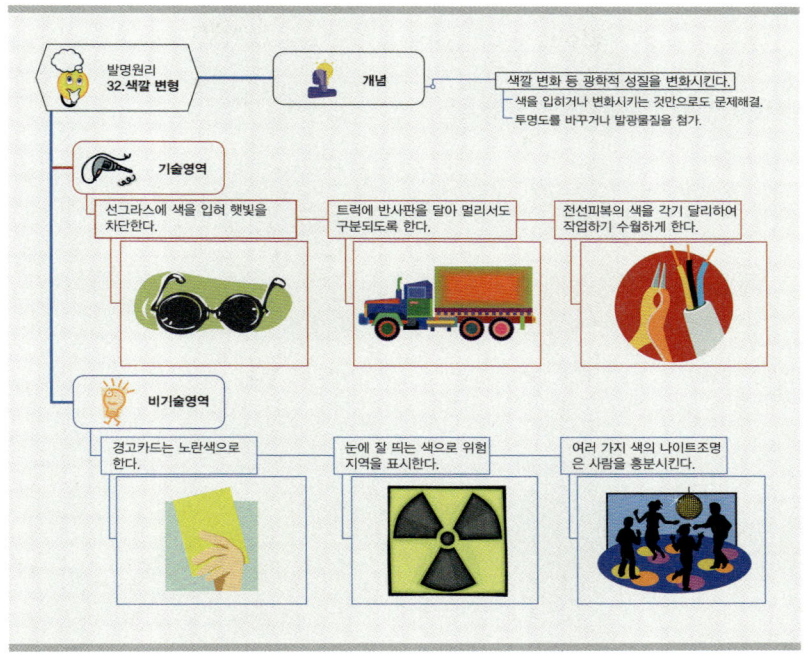

처럼 병원에서 하얀색의 이용은 이와 같은 목적을 이루기 위한 가장 적절하고 저렴한 방법이다.

영화에서 시한폭탄을 해체하는 장면을 떠올려보자. 폭발 시간은 불과 몇 초밖에 남지 않았고, 주인공은 빨간 선을 잘라야 할지 파란 선을 잘라야 할지를 갈등하는 상황이다. 그러나 전기선 색의 의미를 아는 사람이라면 쉽게 처리할 수 있는 문제이다. 지하철은 노선을 색으로 구분하고 있고, 운동 경기에 참여한 선수들은 색이 서로 다른 유니폼을 입고, 심판 역시 선수들과 다른 색의 옷을 입는다. 현란한 나이트 클럽의 조명은 사람을 흥분시키고, 은은한 초록색은 사람을 안정시킨다. 그리고 공부할 때 중요한 부분에는 형광펜을 이용하여 눈에 잘 띄도록 한다.

> 32번 색깔변형의 원리에서 모순 찾기

● 하얀색 붕대의 진실

상처에는 소독을 하고 항생연고를 바른 뒤 하얀색 붕대로 감아 상처를 보호한다. 그런데 왜 하필 하얀색 붕대일까? 뿐만 아니라 병원에는 하얀색이 유독 많이 사용되고 있다. 의사의 가운도 하얀색, 간호사의 옷도 하얀색, 붕대도 하얀색, 반창고도 하얀색, 침대보와 이불도 하얀색이다.

병원에는 많은 환자들이 있기 때문에 어느 한 특정 환자만을 집중하여 치료할 수는 없다. 따라서 한 환자에게 필요한 조치가 끝나면 안정을 취하게 한 후 다른 환자를 돌봐야 한다.

그런데 환자에게는 항상 돌발적인 상황이 있을 수 있다. 상처 부위에 대한 필요한 조치가 끝나서 출혈이 멈추었다고 해도 다시 출혈이 시작되는 경우가 생길 수 있다. 상처가 심각한 환자의 경우에는 이런 돌발 상황이 일어날 확률이 더 많다. 따라서, 이러한 환자는 붕대로 상처를 감아놓기보다는 붕대로 감지 않고 일정 시간 동안 지켜보는 것이 필요할 수도 있다.

하지만 의사가 환자 한 사람만을 위해 존재하는 것이 아니기 때문에 장시간 특정 환자의 상처만을 지켜볼 수는 없다. 그렇다면

의사는 당분간 환자 곁을 떠나 있어야 하는데, 의사가 없는 상황에서 상처를 그대로 노출시켜놓게 되면 예측할 수 없는 돌발 상황으로 2차 감염이 있을 수도 있고, 환자가 상처의 고통에 몸부림 치다가 상처가 더욱 악화될 수도 있기 때문에 상처를 붕대로 감아놓아야 한다.

이와 같은 붕대에는 어떠한 모순이 숨겨져 있을까? 여기에서는 '상처 보호를 위해서는 붕대를 감아놓아야 하지만, 상처의 상태를 지켜봐야 하기 때문에 붕대를 감아놓아서는 안 된다'는 모순을 찾을 수 있다. 따라서 모순은 '붕대를 감아야 하고, 붕대를 감아서는 안 된다'라는 것이 된다.

이 모순은 32번 발명원리인 색깔변형의 원리에 의해 해결할 수 있다. 흰색 붕대를 사용하는 것이 바로 해결책이다. 흰색 붕대를 사용하면, 상처를 2차 감염으로부터 보호할 수 있고, 혹시라도 출혈이 발생하게 되면 흰색 붕대에 빨간색 피가 물들기 때문에 상처를 개방해놓지 않더라도 금방 눈에 띌 수 있기 때문이다.

발명**원리**33
동질성(Homogeneity)

 세상에서 가장 단단한 물질은 다이아몬드이다. 그럼 다이아몬드는 무엇으로 가공해야 할까? 다이아몬드는 다이아몬드로 가공한다. 다이아몬드보다 더 단단한 물질이 없으니 어쩔 수 없는 선택일 것이다.
 33번 동질성의 원리는 이처럼 대상물을 가공하거나 변형시켜야 할 때 대상물과 동일한 재료로 만들어진 촉매·도구 혹은 보조재를 이용하는 방법을 말한다. 촉매·도구·기구·보조재 등을 동일한 재료로 사용하면 보다 쉽게 가공할 수 있거나, 불가능했던 것을 가능하게 하거나, 순도를 유지하는 등의 효과를 얻을 수 있다.
 조선 산업이나 자동차 산업에서 가장 많이 사용되는 공정 중 하나가 용접 공정이다. 용접은 금속과 금속을 맞붙이는 작업으로 서로 맞댄 면에 용접봉을 녹여

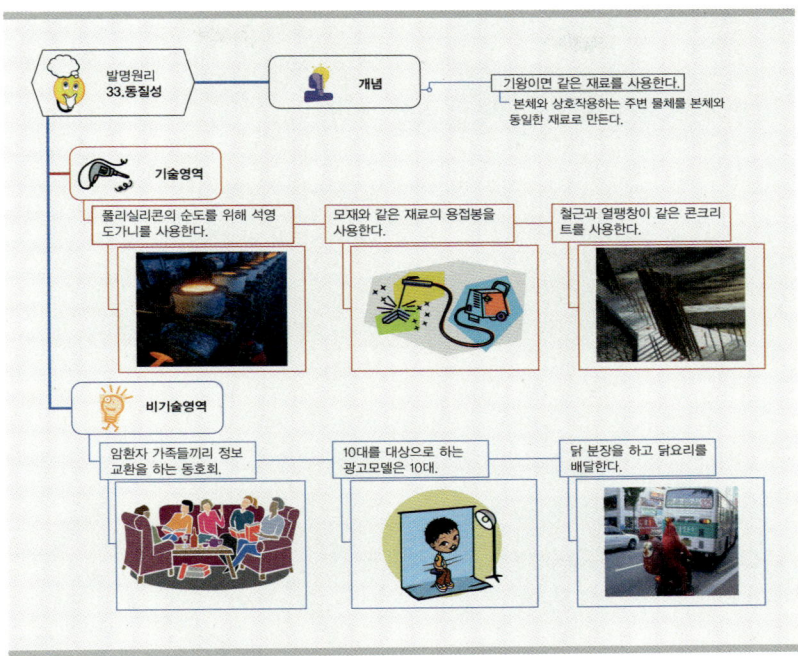

연결하는데, 절대로 떨어지지 않도록 해야 한다. 이때, 가장 견고하게 연결시키기는 방법은 모재와 동일한 재료로 된 용접봉을 사용하는 것이다.

위의 그림은 산타클로스 옷을 입고 산타클로스 인형을 파는 모습이다. 이는 판매자의 신뢰도를 높이고 고객의 호기심을 유발하기 위한 전략이며, 닭 분장을 하고 치킨을 배달하는 전략도 동질성의 원리가 적용된 것이라 볼 수 있다.

세계챔피언 출신 복싱선수가 운영하는 복싱체육관, 에베레스트 등정에 성공한 산악인이 운영하는 등산용품점, 프로골퍼가 광고모델로 등장하는 골프용품 광고, 미모의 여배우가 등장하는 화장품 광고 등 동질성의 원리가 적용된 사례는 주변에서 흔히 찾아볼 수 있다.

33번 동질성의 원리에서 모순 찾기

● 산타클로스와 산타클로스 인형

12월은 크리스마스가 있는 계절이다. 크리스마스는 종교적 기념일이라기보다는 한 해를 마무리하는 축제일이며, 연인에게 사랑을 고백하는 시간이며, 아이들은 선물을 기다리는 날이기도 하다.

크리스마스 하면 자연스럽게 산타클로스가 떠오른다. 사람들은 아이들을 위해서 그리고 예쁜 장식을 위해서 산타클로스 인형을 많이 찾고, 그래서 어디서나 쉽게 찾을 수 있다. 이처럼 장사하는 사람의 입장에서 보면 12월 크리스마스 시즌은 산타클로스 인형을 많이 팔 수 있는 시기인 것은 분명하다. 하지만 산타클로스 인형을 나만 파는 것이 아니라 백화점·대형마트·편의점 등 많은 곳에서 산타클로스 인형을 팔고 있기 때문에 인형을 파는 것이 결코 쉽지가 않다.

정리해보면 시간적으로 크리스마스 시즌이기 때문에 산타클로스 인형을 많이 팔아야 하지만, 경쟁자들이 너무 많기 때문에 산타클로스 인형은 많이 팔 수가 없다. 이것을 모순으로 정리하면 '산타클로스 인형을 많이 팔아야 하지만, 경쟁자가 많아서 많이 팔리지 않는다'라고 할 수 있다.

이 모순을 해결하기 위해서 33번 동질성의 원리를 이용할 수 있다. 산타클로스 인형을 파는 사람도 인형과 똑같은 분장을 하고 인형을 팔면 사람들의 호기심을 자극할 수 있고, 인형을 사는 사람은 단순하게 인형만 사는 것이 아니라 산타클로스 복장을 한 사람과 함께 사진도 찍고 대화도 나누면서 어떤 감성을 함께 얻을 수 있기 때문에, 산타클로스 인형을 다른 경쟁자보다 많이 팔 수 있을 것이다.

발명원리34
폐기 및 재생(Rejection and Regeneration)

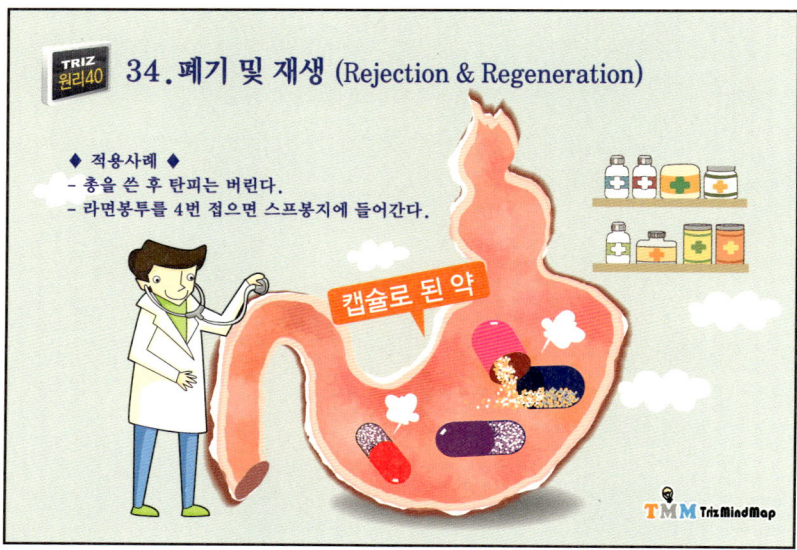

34번 발명원리는 폐기 및 재생이다. 폐기를 일회용과 비슷한 개념으로 생각할 수도 있고, 재생을 쓰레기 분리수거 정도로 생각할 수도 있겠지만 트리즈 발명원리에서는 좀 더 적극적인 의미가 숨겨져 있다. 만약 폐기해야 하는 거라면 아예 흔적도 없이 사라지도록 만들어서 회수하는 수고를 하지 않도록 해야 하고, 회수를 해야 한다면 처음부터 회수가 잘 될 수 있도록 만들어야 하는 것이다.

위의 그림에서 나와 있는 캡슐에 담긴 약품은 폐기의 원리를 잘 설명해주고 있다. 젤라틴이 주성분인 캡슐은 약을 담는 용기의 역할을 하고 있고, 캡슐은 몸 속에 들어가면 녹아서 없어지게 된다. 생분해성 고분자화합물인 폴리락타이드로는 수술용 볼트나 수술용 실을 만들 수가 있는데, 이 성분 역시 몸 안에서 녹아버리

기 때문에 별도의 제거 수술을 받을 필요가 없다. 라면봉지를 4번 접으면 수프 봉지에 쏙 들어가도록 만들어졌으며, 종이로 만들어진 우유팩은 사용 후 종이 한 장 크기로 펼쳐지기 때문에 회수 및 보관이 용이하다.

대형트럭용 타이어는 리그루빙 Regrooving 작업이 가능하도록 만들어져 있다. 리그루빙이란 일명 홈파기라고 하는 작업으로 타이어 접지면의 홈을 새로 파서 수명을 연장시키는 방법이다.

올림픽 경기에 출전해서 예선에서 탈락한 선수는 일찍 귀국시켜 소요 예산을 절약할 수 있으며, 기한만료 후 자동연장계약 조항이 있으면 별도의 계약 절차 없이 동일한 계약 조건으로 해당 기간만큼 자동으로 연장된다.

34번 폐기 및 재생의 원리에서 모순 찾기

● 라면봉지와 수프봉지의 진실

라면은 저렴한 비용으로 맛있게 한끼를 때울 수 있는, 온 국민이 사랑하는 음식이다. 그런데 이 라면을 한 번 끓이면 비닐봉지가 두세 개씩은 나오게 된다. 라면봉지 1개에 수프봉지가 대개는 2개씩 들어 있다. 라면봉지를 재활용 쓰레기통에 집어넣으면 지저분해 보이기도 하고 봉지의 부피가 생각보다 커서 쓰레기통을 많이 차지한다. 어떤 사람은 라면봉지를 깔끔하게 버리기 위해 가늘게 접은 후 묶어서 버리기도 하는데, 라면봉지를 작게 묶는 것도 성가신 일이다.

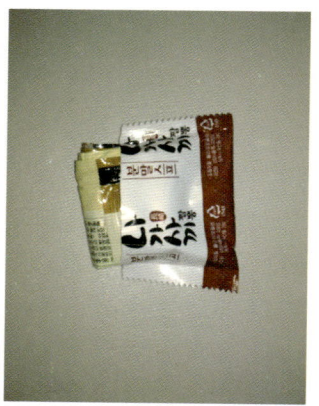

라면봉지를 부피를 작게 해서 버리려면 잘 접어서 묶어야 하는데, 이것이 간단한 일이 아니다. 그래서 그냥 버리게 되면 라면 1개당 서너 개씩 나오는 라면봉지와 수프봉지가 주변을 지저분하게 만든다. 이것을 정리해보면 '<u>라면봉지는 작게 묶어야 하고 작게 묶어서는 안 된다</u>'라는 모순을 찾을 수 있다.

34번 폐기 및 재생의 원리는 '필요 없으면 저절로 없어지도록 만들거나, 재생할 것이면 쉽게 회수되도록 만들어야 한다'라는 의미가 있다. 라면봉지에는 34번 발명원리가 적용되어 있어서, 라면봉지를 네 번 접으면 수프봉지에 들어갈 수 있도록 만들어져 있다. 이 방법을 사용하면 라면봉지를 깔끔하게 처리할 수 있다.

● **가루약과 캡슐**

라면봉지가 회수를 용이하도록 한 것이라면 저절로 없어지도록 하는 방법에 대해 생각해보도록 하자. 우리는 몸이 아프면 약을 먹게 된다. 그런데 약의 형태는 가루약·알약·물약·주사약·캡슐형 약 등 매우 다양하다. 이 중에서 캡슐형 약이 필요한 이유가 무엇일까? 캡슐 안에는 가루약이 들어 있다. 사실 가루약을 그냥 먹어도 되지만, 가루약을 먹는 것은 물약이나 알약보다 쉽지가 않다. 어린아이들에게 가루약을 먹이는 것은 더욱 어렵다. 가루약은 알약보다 효과가 빠르고 흡수가 잘 되기 때문에 어떤 경우에는 가루약을 먹어야 한다.

가루약을 먹어야 하는데 가루약은 먹기가 불편하고 그렇다고 알약을 먹자니 알약은 흡수가 빠르지 않다. 이 상황에서의 모순은 '가루약을 먹어야 하지만, 가루약을 먹어서는 안 된다'라는 것이다. 이 모순을 해결하기 위해 캡슐에 가루약을 집어넣는 방법이 개발되었고, 캡슐은 몸 안에서 녹아 흡수되는 젤라틴으로 되어 있어 따로 캡슐 성분을 회수할 필요도 없다.

발명원리 35
속성변화 (Parameter Change)

바다에서 갓 잡은 오징어를 햇볕에 말리면 건오징어가 된다. 건오징어는 장기간 보관이 가능하고 휴대도 간편하다. 산소·질소·탄산가스 등의 가스를 보관할 때는 액화시켜 보관을 하는 것이 일반적이다. 기체 상태에서는 부피가 너무 크기 때문에 과도한 저장공간이 필요하기 때문이다.

35번 속성변화의 원리는 밀도·농도·물리적 상태·온도·부피 등을 변화시키는 것이다. 건오징어를 비롯한 건포도·육포·쥐포 등은 수분 함량과 부피를 변화시킨 것이고, 산소·질소·탄산가스를 보관할 때는 물리적 상태·밀도·부피를 변화시키는 것이다. 액체 상태인 약을 알약 형태로 바꾸거나, 우황청심환을 물약 형태로 바꾸는 방법도 속성변화의 원리가 적용된 예라고 볼 수 있다.

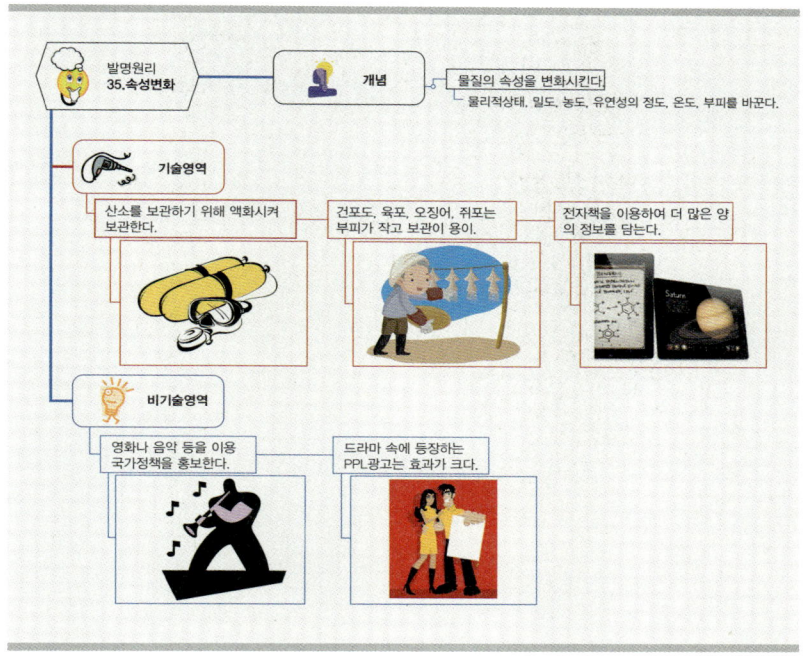

　물체의 속성이 변화되면 새로운 기능을 얻을 수 있다. 분체도장이라는 기술은 액체 상태의 페인트를 분말 형태로 변화시켜 도장하는 것으로, 저장과 수송이 편하고, 도료를 회수하여 재사용할 수 있으며, 점착성이 없어 청소가 용이하고, 폐기물이 적다는 장점이 있다.

　다양한 형태의 속성변화는 마케팅 기법에서도 흔히 찾아볼 수 있다. 침대는 가구가 아니라고 광고하는 문구, 나무 심기 운동을 하는 제지회사, 문학소녀의 꿈을 이루어주겠다는 커피회사 등, 직접적으로 제품을 광고하지 않고 사람의 감성에 호소함으로써 브랜드 가치를 높이는 광고전략은 광고를 하지 않으면서 광고를 하는 속성변화의 원리가 적용된 것이다.

35번 속성변화의 원리에서 모순 찾기

● 물오징어와 건오징어

강원도 속초에 가면, 오징어 말리는 모습을 볼 수 있다. 오징어는 쉽게 상하기 때문에 속초에서 잡은 오징어를 빨리 처리해야만 한다. 요즘에는 활어차를 이용하여 산 채로 서울까지 배달할 수도 있지만, 운송수단이 발달하지 못한 시절에는 살아 있는 오징어를 서울에서 구경하기가 쉽지 않았다.

속초에 사는 할머니는 서울로 시집 간 딸에게 딸이 어린 시절 그토록 좋아하던 오징어를 보내주고 싶었다. 그런데 오징어를 그대로 보내면 이동하는 동안 상하기 때문에 오징어를 보내줄 수가 없다. 하지만 오징어 먹는 모습을 보고 싶은 할머니는 어떻게든 오징어를 서울에 사는 딸에게 갖다주고 싶다.

할머니의 심정에서는 '오징어를 갖다주어야 하는데, 오징어를 갖다주어서는 안 된다'라는 모순을 찾을 수 있다. 이 모순을 해결하는 방법은 오징어를 서울까지 가는 동안 상하지 않도록 하면 된다. 오징어를 상하지 않게 오랫동안 보관하는 방법은 오징어의 속성을 변화시켜 건오징어를 만들면 된다. 건오징어는 오랫동안 상하지 않게 보관할 수 있기 때문에, 서울에 있는 딸에게도 오징어를 가져다줄 수 있다.

● 주머니 속 가스라이터

담배를 피우는 사람들의 주머니 속에는 일회용 가스라이터가 하나씩은 들어 있다. 가스라이터 속에는 LPG 가스가 들어 있다. 그런데 가스는 분명

기체인데, 가스라이터에 들어 있는 LPG 가스는 액체이다. 왜 그럴까?

기체 상태의 LPG는 상당히 커다란 부피를 갖게 된다. 아마도 가스라이터 한 개 속에 들어 있는 LPG를 기체로 담아 두려면 사람 키만한 가스통 정도는 있어야 할 것이다. 담뱃불 한번 붙이기 위해 사람 키만한 가스통을 들고 다닌다는 것은 너무나 실용적이지 못하다. 그렇다면 라이터만한 작은 가스통에 LPG 가스를 담게 되면, 라이터 한 개에 들어 있는 가스로는 담뱃불을 한 번도 붙이기 힘들 것이다.

정리해 보면, LPG 가스를 담기 위해서는 커다란 가스통이 필요하다. 그러나 커다란 가스통은 실용성이 없어 가스통은 작아져야 한다. 그런데 작은 가스통에 LPG 가스를 담는 것 역시 비효율적이다. 즉, '가스통은 커야 하지만 작아야 한다'는 모순이 발생한다. 이 모순은 35번 발명원리인 속성변화의 원리를 이용하여 LPG 가스를 액체로 만들어 부피를 작게 만든 후에 가스라이터에 담으면 해결될 수 있다.

발명원리36
상전이(Phase Transformation)

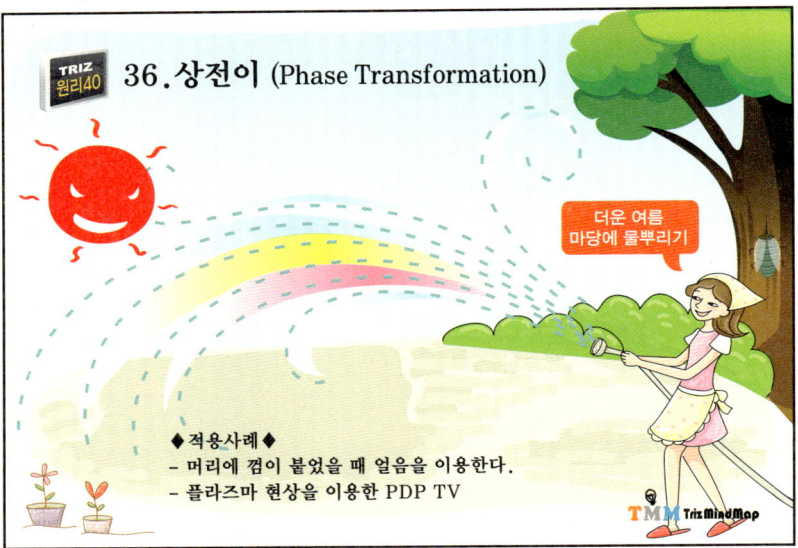

더운 여름날 마당에 물을 뿌리면 물이 기화되면서 주변의 열을 흡수하기 때문에 시원해지는 효과를 얻을 수 있다. 상전이란 액체가 기체로 변화되거나 기체가 액체로 변화될 때 생기는 부피의 변화 혹은 발열 및 흡열 반응을 이용하는 원리이다.

에스키모가 얼음집에서 잠을 잘 때, 주변에 물을 뿌린다고 한다. 뿌려둔 물은 얼음으로 변하면서 열을 발산하기 때문에 주변이 따뜻해진다고 한다.

물이 가득 찬 페트병을 냉동실에 넣으면 물병이 부풀어오른다. 물은 특이하게도 고체로 변하면서 부피가 늘어나는 유일한 물질이기 때문이다. 이러한 성질을 이용하여 추운 겨울에 커다란 바위에 구멍을 뚫고 물을 채운 후 마개를 꼭 막아

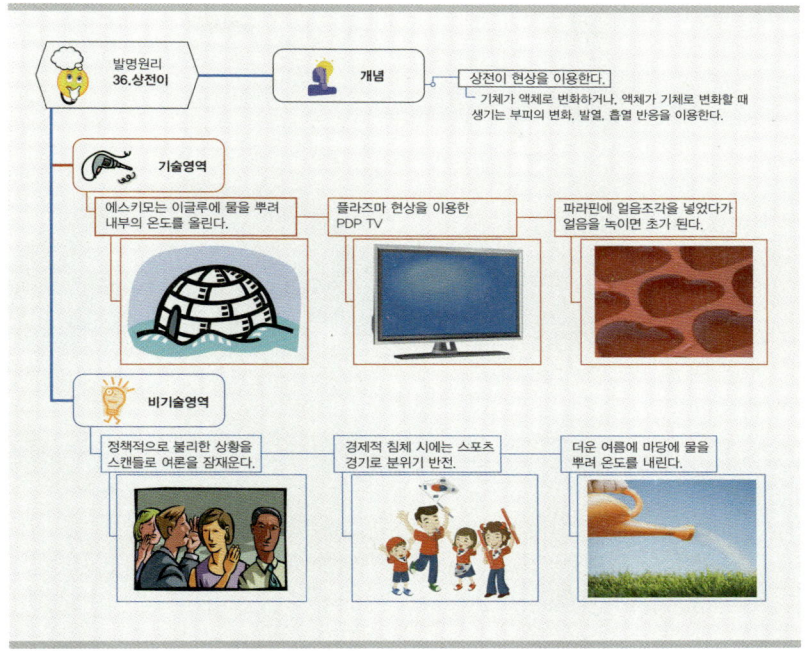

두면 바위도 깨드릴 수 있다.

　상전이 현상은 정치적으로 활용되기도 하는데, 경제침체기에는 스포츠 활성화로 분위기를 반전시키려 하거나, 정치적 위기상황에서 대형 스캔들을 터뜨리거나 전쟁 위험을 고조시켜 국민의 시선을 다른 쪽으로 유도하는 이른바 '우민화 정책'을 펼치는 경우가 있다.

36번 상전이의 원리에서 모순 찾기

● 에스키모의 얼음집 이글루

에스키모는 영하 50도까지 내려가는 극한의 추위를 견뎌내며 북극에서 살고 있다. 에스키모가 극한의 추위 속에서도 생존할 수 있었던 것은 얼음집 이글루가 있었기 때문이다. 이글루는 얼음을 벽돌처럼 잘라서 돔 형태로 쌓아올린 것이다.

북극의 온도는 영하 50도에 이르지만, 얼음의 온도는 0도를 유지하기 때문에 살인적인 추위를 견뎌낼 수 있다. 하지만 그렇다고 하더라도 사람의 체온이 25도 밑으로 떨어지게 되면 생존할 수 없기 때문에, 0도의 기온이 따뜻하다고 말할 수는 없다. 따라서 온도를 높이기 위한 방법을 찾아야 하는데, 불을 피우게 되면 얼음집인 이글루가 녹을 수 있기 때문에 불을 피워서는 안 된다.

에스키모의 모순은 '이글루에 불을 피워야 하지만 불을 피워서는 안 된다'라고 할 수 있다. 이 모순을 해결하는 방법은 응고열을 이용하는 것이다. 이글루 주변에 물을 뿌리면 물이 얼면서 응고열을 발산하기 때문에 이글루의 온도가 올라가게 된다.

우리나라에서는 이글루와는 반대 방식으로 상전이 현상을 이용했다. 햇빛이 내리쬐는 뜨거운 여름, 에어컨도 없던 옛날에는 부채로 바람을 부쳐대는 것이 고작이었다. 또 당시에는 의복을 함부로 벗을 수도 없었기 때문에 목욕도 맘대로 할 수 없었다. 이럴 때는 마당에 물을 뿌려 물이 증발하면서 주변의 열을 흡수하게 하여 주변을 시원하게 했다.

● 우민화 정책

정치권력을 장악한 세력들이 국민의 시선을 다른 곳에 집중시켜 집권층에 대한 비판을 약화시키려는 정책을 우민화 정책이라 한다.

1979년 1212 군사 쿠데타로 정권을 잡아 1980년 광주민주화운동을 촉발시켰던 전두환 정권은 1982년 3월에 프로야구를 출범시켰다. 국민들은 프로야구에 열광했고, 정치에 대한 관심은 줄어들게 되었다. 우민화 정책에 성공한 독재권력은 그들의 정치체제를 더욱 강화해나갈 수 있었다.

독재권력은 자신들이 저지른 일이 밝혀져서는 안 되지만, 이미 많은 사람들이 알고 있기 때문에 밝혀질 수밖에 없는 모순 상황에 처해 있었다. 이러한 문제를 해결하기 위해서 독재권력은 상전이 현상을 이용하였다. 스포츠에 관심이 쏠리도록 하여 정치 문제에 관심을 갖지 못하도록 유도하였던 것이다.

발명원리37
열팽창(Thermal Expansion)

주전자에 물을 끓이면 물이 수증기로 바뀌면서 부피가 팽창하여 밖으로 뿜어져 나오게 된다. 열에 의해 팽창하는 성질을 이용하는 것이 37번 열팽창의 원리이다. 우리 주변의 많은 물체들은 열에 의해 팽창하는 성질을 가지고 있다.

크리스마스트리의 불은 깜박거리며 화려한 효과를 보여준다. 크리스마스트리의 깜빡이등은 바이메탈이라는 원리를 이용하는데, 전기를 연결하여 깜빡이등에 불이 켜지면 열이 가해지게 되고 스위치 역할을 하는 금속판이 늘어나면서 전기를 차단하여 불이 꺼지게 된다. 불이 꺼진 후 열이 식으면 스위치는 원상태로 돌아와 전기를 연결하여 다시 불이 켜지게 된다. 이러한 동작이 반복되면서 크리스마스트리는 화려하게 반짝거리게 된다.

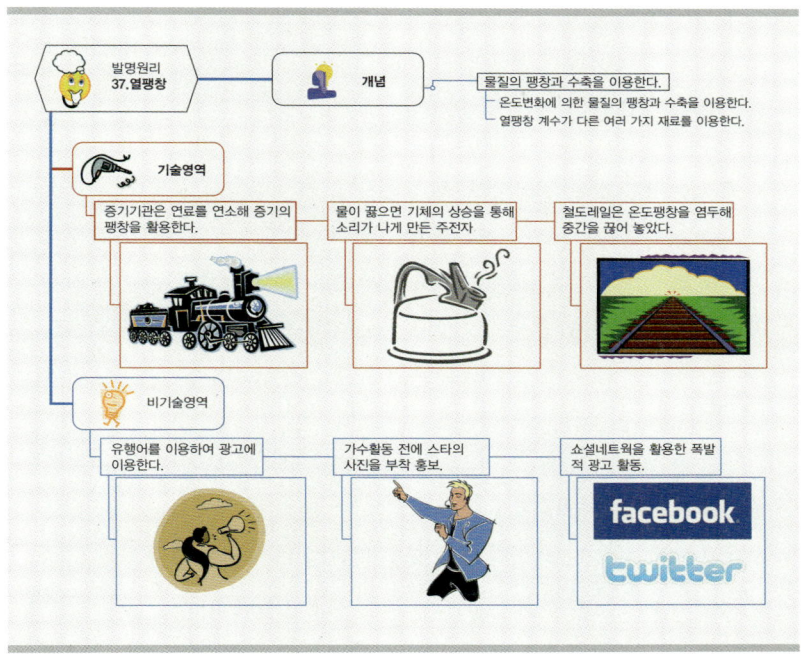

최근 K-POP 등의 한류가 전 세계적으로 붐을 이루고 있다. 이러한 유행을 이용하여 수출 상품에 한류스타의 사진을 부착하거나, 해외 TV 광고에 한류스타를 출연시키는 등 한류의 유행을 이용하여 비즈니스 계약을 촉발시킬 수 있다.

성적이 중간에도 미치지 못하는 학생의 자존심을 자극하거나 모멸감을 주면 분노가 일어나 복수를 위해 악착같이 공부하는 경우도 있다. 젊은 시절 거칠 것 없이 역경을 헤쳐나가는 힘은 폭발적인 열정에 의해 팽창하는 도전정신 때문일 것이다.

37번 열팽창의 원리에서 모순 찾기

● 삐삐 주전자

필자는 커피를 참 좋아한다. 특히 코스타리카산 원두를 프렌치French로 강하게 볶아내리는 강배전 커피를 좋아한다. 며칠 전에는 커피를 마시기 위해 주전자를 가스불에 올려놓고 물이 끓기를 기다렸다. 그러던 중 옛 친구에게서 전화가 왔고, 친구와의 대화에 푹 빠져있던 필자는 가스불에 주전자를 올려놓았던 것을 까맣게 잊고 말았다. 결국 연기 나는 부엌에서 손잡이가 녹아내린 주전자를 바라볼 수밖에 없었다.

필자가 가지고 있었던 모순은 무엇일까? 필자는 가스레인지에 물을 올려놓았기 때문에 물이 끓을 때까지 지키고 있어야 했다. 하지만 오랜만에 걸려온 친구와의 전화통화도 매우 중요한 것이었기 때문에 물이 끓는 것을 지켜보아서는 안 된다. 즉, '물이 끓을 때까지 지켜보아야 하지만 지켜보아서는 안 된다'라는 모순을 찾을 수 있다.

이 모순을 해결해준 것이 바로 '삐삐 주전자'이다. 삐삐 주전자는 물이 끓으면서 발생하는 수증기가 주전자 밖으로 빠져나오며 '삐~' 하는 소리를 내게 된다. 필자가 친구의 전화를 받고 있을 때, 집에 있던 주전자가 삐삐 주전자였다면 필자는 주전자를 태우지 않았을 것이다.

● 크리스마스 트리

크리스마스 트리를 장식하는 소품 중에는 꼬마전구 여러 개를 연결시킨 장식용 전구가 있다. 이 장식용 전구를 '바이메탈 전구'라고 하는데, 이 전구는 전원을 연결하면 스스로 깜빡거리면서 크리스마스 트리를 화려하게 장식한다.

크리스마스 트리에 일반 전구로 불을 밝히면 조명이 예쁘긴 한데, 전구에 열이 발생해 전구 주변에 인화물질이 있을 경우에는 화재 위험이 있다. 그렇다고 해서 전구를 꺼 버리면 야간에는 아무것도 보이지 않게 된다. 따라서, '크리스마스 트리를 장식한 전구는 전구에 불이 들어와야 하지만, 전구에 불이 들어오면 안 된다'는 모순이 발생하게 된다. 이 모순은 전구의 온도가 상승하게 되면 자동으로 전원을 차단하는 바이메탈 전구에 의해 해결되었다. 또한 깜빡거리는 바이메탈 전구는 일반 전구보다 장식 효과가 훨씬 좋다.

발명원리38
산화가속(Accelerated Oxidation)

　화성에 산소를 주입하여 대기를 형성시키면 사람이 살 수 있는 제2의 지구로 변화시킬 수 있을까? 영화 〈토탈리콜〉의 마지막 장면은 바로 화성에 산소를 공급하여 모든 사람이 기지 밖으로 걸어나오는 모습이다.

　38번 산화가속은 지구에만 존재하는 원소인 산소를 주입하여 일반공기를 산화공기로, 산화공기는 산소로, 산소는 오존으로 바꾸어 사용하는 원리이다. 산소는 주변의 다른 물질과 쉽게 융합한다. 이렇게 쉽게 융합되는 이유는 산소가 구조적으로 불안정하기 때문에, 물질 구조를 안정화시키기 위해 다른 물질과 융합하는 것이다. 상처 입은 곳에 과산화수소를 뿌리면 사람의 혈액 속에 있는 카탈라아제Catalase와 반응하여 하얀 거품이 일어나는데, 이것이 바로 산소이다. 여기서 생성

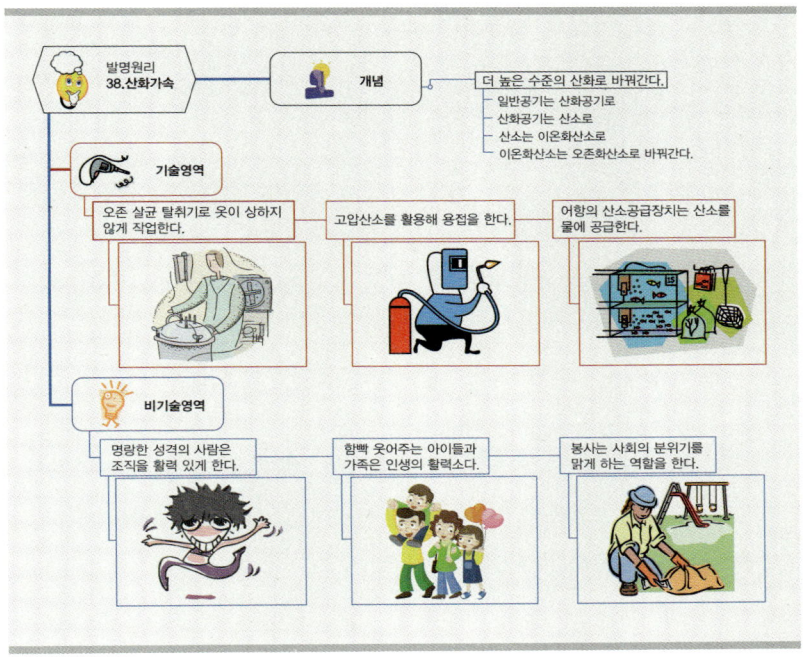

된 산소는 발생기 산소로서 매우 불안정한 상태가 되어 주변의 다른 세포나 원소로부터 전자를 빼앗아 안정화하려는 성질을 가지고 있다. 이때, 세균이 산소로부터 전자를 빼앗기게 되면 세균은 소멸되기 때문에 살균 효과를 얻을 수 있는 것이다. 가스용접기에 산소를 추가하여 불꽃의 온도를 높여 쇠를 녹일 수 있도록 하는 것과 같이 단순히 산소를 첨가하는 것도 산화가속의 원리에 해당한다.

　비기술적인 예도 얼마든지 있다. 조직 내에는 산소 같은 역할을 하는 사람이 분명 한두 명씩은 있기 마련이다. 내 인생의 활력소도 찾아볼 수 있다. 퇴근하고 집에 들어왔을 때 방긋 웃어주는 아기의 미소, 힘들게 공부하고 나서 뿌듯하게 바라보는 성적표 등이 모두 38번 산화가속의 원리로 설명할 수 있는 예이다.

38번 산화가속의 원리에서 모순 찾기

● **산소공급기**

겨울이 되면 날씨가 건조해진다. 날씨가 건조하면 호흡기가 메마르기 때문에 감기에 걸리기 쉬워진다. 집안의 습도 조절을 위해서는 가습기를 가동하는 것도 좋지만, 실내에 어항을 들여놓으면 보기에도 좋아 일석이조의 효과를 거둘 수 있다.

그런데 어항을 들여놓고 물고기를 잘 키우려면 물을 자주 갈아주어야 한다. 하지만 어항의 물을 갈아주는 것은 보통 작업이 아니다. 어항이 무겁기도 하지만, 물을 갈아주다가 거실에 물을 쏟을 수도 있다. 또 잘못하여 어항이 깨지기라도 하면 물고기도 잃게 되지만, 깨진 유리조각에 사람이 다칠 수도 있다.

이 상황에서의 모순은 '어항의 물을 자주 갈아주어야 하지만, 자주 갈아주어서는 안 된다'가 된다. 어항의 물을 갈아줘야 하는 것은 물 속의 산소농도를 높여줘야 하기 때문이다. 따라서 어항의 물을 갈지 않고도 산소농도를 높여주는 방법을 찾으면 이 모순을 해결할 수 있다. 38번 산화가속의 원리를 이용하여 어항 속에 산소공급장치를 달아주면 된다.

● **산소절단기**

산소절단기는 LPG 가스에 연결한 토치(torch)에 산소를 추가하여 강한 불꽃을 만들어내게 된다. LPG 가스로 불꽃을 만들고 산소는 불꽃을 강화시키는 역할만 하지만 우리는 이것을 산소절단기라고 부른다.

산소절단기는 강한 열과 불꽃을 이용하여 강철을 녹여 잘라내는 도구이다. LPG 가스의 불꽃의 온도는 1000도까지 올라가는데, 강철이 녹는 온도는 1600도 정도여서 LPG 불꽃으로는 강철을 녹일 수 없다. 하지만, 가장 저렴하고 안전하게 사용할 수 있는 가스가 LPG이기 때문에 LPG를 이용하여 강철을 녹이는 것이 좋다.

정리해보면, LPG가 가장 안전하고 저렴하기 때문에 LPG 불꽃으로 강철을 녹여야 하지만, 강철의 용융점이 LPG 불꽃의 온도보다 높기 때문에 녹일 수가 없다. 즉 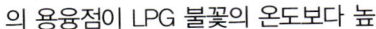'LPG로 강철을 녹여야 하는데, 녹일 수가 없다'라고 하는 모순을 찾을 수 있다.

이 모순은 LPG 불꽃에 산소를 추가하여 2000도가 넘는 불꽃을 만들어 해결할 수 있다. 이 원리가 바로 38번 발명원리인 산화가속의 원리이다. 불꽃을 만들어내는 것은 LPG이지만 이 불꽃으로 2000도 이상의 온도를 구현한 것은 산소의 역할이기 때문에, 우리는 이것을 산소절단기라고 부르는 것이다.

발명원리 39
불활성환경(Inert Environment)

불활성환경은 38번 산화가속의 원리와 반대되는 개념으로 생각하면 된다. 산소라는 물질이 구조적으로 불안정하여 다른 물질과 쉽게 화합되는 것과는 반대로 안정적인 성질을 가지고 있어서 외부 환경에 반응하지 않는 것을 불활성환경이라고 한다.

백열전구 내부가 진공 상태라는 것은 잘 알려진 사실이다. 진공 상태의 전구는 탄소계 필라멘트를 이용하는데, 요즘에는 텅스텐계 필라멘트를 이용하면서 아르곤 가스와 소량의 질소를 전구 속에 채워넣는다. 진공 상태를 만들거나 아르곤 가스를 채워넣는 이유는 전구 속을 불활성 상태로 만들기 위해서이다. 불활성환경이란 것은 매우 안정적인 상태를 말하는 것인데, 이 상태에서는 물질이 변화되지

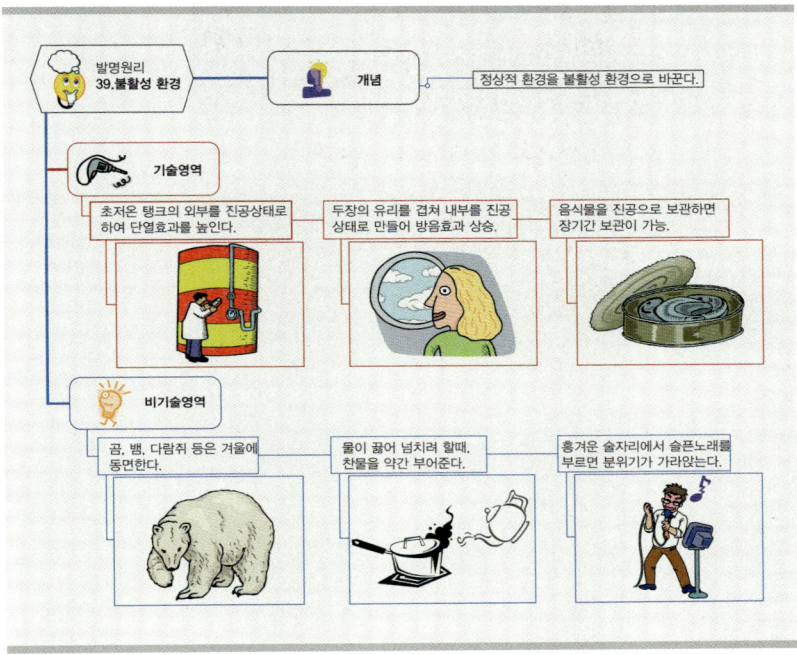

않는다. 이 원리는 진공 상태에서 음식이 부패하지 않는 것과 같은 원리이며, 냉동 상태로 음식을 보관하는 것 역시 비슷한 원리이다. 냉동을 하게 되면 생물학적 반응이 모두 멈춰 아무런 변화도 일어나지 않는 상태가 되기 때문이다.

통조림을 만들어 음식을 오래 보관하거나, 두 장의 유리를 겹쳐 내부를 진공 상태로 만들면 방음효과가 뛰어난 것도 모두 불활성환경을 이용한 것이다.

분위기를 띄우는 것과는 반대로 분위기를 가라앉히는 상황을 생각해보자. 어린 시절 보수적인 아버지의 고함소리 한 번에 집안 분위기는 숨소리조차 들리지 않을 만큼 가라앉게 된다. 흥겨운 술자리에서 슬픈 노래를 불러 분위기를 가라앉히는 사람도 있다. 이들은 모두 39번 불활성환경의 원리로 설명할 수 있는 것들이다.

39번 불활성환경의 원리에서 모순 찾기

● 동면하는 곰

가을이 무르익으면 사람들은 겨울을 준비한다. 겨울 옷을 꺼내고 커튼도 바꾸기도 하는데, 우리나라의 대표적인 겨울 준비는 김장 담그는 것이라 할 수 있다. 겨울을 준비하는 것은 사람뿐 아니라 동물들에게도 아주 중요한 일이다. 털갈이를 하기도 하고, 짝짓기를 하기도 하며, 철새는 따뜻한 곳으로 날아가기도 한다. 곰·뱀·개구리 등은 동면에 들어간다. 동면에 들어가는 동물들은 신체에 많은 변화가 생기게 된다. 대표적인 것이 체온과 신진대사율이 낮아지고, 심장 고동수와 호흡의 수까지도 급격히 떨어지게 된다. 어떤 동물은 얼기 직전까지 체온이 떨어지기도 하고, 동면하는 곰은 20분 동안 심장박동과 호흡이 정지되기도 한다고 한다.

이렇게 동면에 들어가는 동물들의 모순은 무엇일까? 동물들에게 겨울은 시련의 계절이다. 먹을 것도 없고, 춥기도 하기 때문에 생존하기가 너무나 힘들기 때문이다. 하지만 이렇게 힘든 계절이라 해도 살아남아야 한다. 즉, '겨울이란 계절은 생존하기 힘든 계절이지만 어떤 방법으로든 생존하여야 한다'라는 모순을 찾을 수 있다.

그래서 동면하는 동물들은 신체활동을 최저 수준으로 낮추어 불활성환경을 만들고, 이러한 환경 속에서 동물은 겨울 동안 무사히 살아남을 수 있는 것이다.

● 진공포장

경상북도 안동은 양반의 고장으로 알려져 있다. 이 지역은 대대로 풍산 류씨가 유교적 전통을 유지하며 살고 있는 고장이고, 안동의 하회마을은 임진왜란 등의 여러 전란에도 피해를 입지 않아 전통 양반가옥이 잘 보존되어 있다.

안동에는 한 가지 유명한 특산품이 있는데, '안동 간고등어'가 바로 그것이다. 사실 안동은 주변이 모두 산으로 둘러싸인 내륙 지역이기 때문에 해산물이 이곳의 특산품이라는 것에 좀 의아스런 생각이 들지도 모르겠다.

고등어는 상하기 직전에 특정한 효소가 만들어지는데, 이 효소가 고등어의 맛을 좋게 해준다고 한다. 간고등어는 소금으로 염장을 하기 때문에 쉽게 상하지는 않는다. 하지만 염장만으로는 보관에 한계가 있다. 고등어를 냉동시키는 방법도 있기는 하지만, 냉동을 하게 되면 간고등어의 맛과 육질이 변하게 되어 냉동하는 것도 좋은 방법이라 할 수 없다.

즉, 고등어의 시장 확대를 위해 장기간 보관해야 하지만 맛과 육질의 변화 때문에 장기 보관을 해서는 안 된다'라는 모순을 찾아낼 수 있다. 이 모순은 발명원리 39번 불활성환경의 원리에 의해 해결할 수 있다. 불활성환경 중 하나인 진공 상태로 간고등어를 포장하게 되면 변화를 최소화하여 맛과 육질의 변화 없이 장기간 보존이 가능해지는 것이다.

발명원리 40
복합재료 (Composite Material)

오늘날 눈부신 과학 발전은 중세기 유럽에서 성행했던 연금술사들이 있었기 때문에 가능했다고 볼 수 있다. 이들 연금술사의 궁극적인 목적은 금을 만드는 것이었으나, 현대 과학으로 증명된 것처럼 금을 생성하는 것에는 실패하였다. 그러나 온갖 종류의 물질을 서로 섞고, 끓이고, 태우고, 녹이는 등의 작업은 근대 화학의 초석이 되었다.

여러 가지 물질을 섞어 단일 물질의 단점을 보완한 새로운 물질을 만든 예는 많이 있다. 섬유·고무·직물·철사를 섞어 만드는 타이어 코드, 시멘트·모래·자갈을 섞어 만드는 콘크리트, 철근과 콘크리트를 섞어 만드는 철근콘크리트, 섬유질과 금속성분을 융합한 강화섬유 등 산업이 고도화되고 과학이 발전하면서 점점

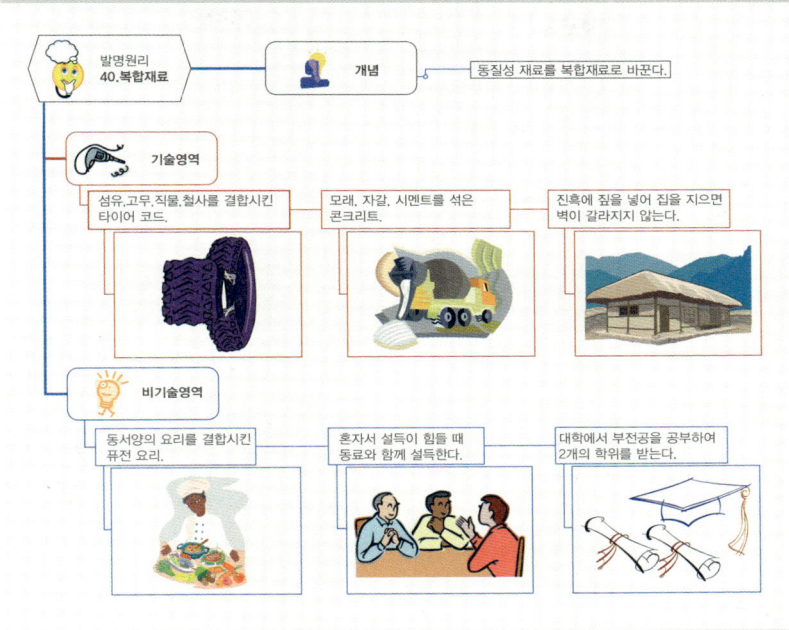

더 많은 복합재료들이 만들어지고 있다. 전기가 통하는 유리나 접을 수 있는 모니터 등도 모두 복합재료로 만든 것이다.

비기술적 영역의 예로는 여러 사람이 함께 스토리 보드 작업에 참여하여 하나의 이야기를 만드는 것을 들 수 있다. 〈토이스토리〉나 〈트랜스포머〉와 같은 영화의 스토리는 여러 명의 작가가 공동으로 참여하여 탄생시킨 시나리오이다.

집단지성이라는 말도 있다. 〈위키피디아〉라는 인터넷 백과사전은 특정한 몇몇이 만든 백과사전이 아니라 수천만 명의 네티즌들이 참여하여 각자가 자신의 전문 분야를 집필하고 조합하여 만든 백과사전이다. 마지막 발명원리인 40번 복합재료의 원리는 현재의 시대상을 잘 반영하고 있는 발명원리이다.

40번 복합재료의 원리에서 모순 찾기

● 마법의 약

얼마 전 〈해리포터와 죽음의 성물〉이라는 영화를 끝으로 10여 년에 걸친 해리포터 시리즈가 끝이 났다. 해리포터 이야기는 신비롭고 긴장감이 넘쳐 책으로도 또 영화로도 많은 인기를 끌었다. 특히 상상을 초월하는 마법의 약물은 영화 속에서 감초 역할을 톡톡히 했다. 사랑의 묘약 아모텐시아, 진실의 약 베리타세룸, 늑대인간의 약 울프스베인, 다른 사람으로 변하게 하는 폴리주스, 행운의 약 펠릭스펠리시스 등 이름도 희한하고 효능도 희한하다. 이러한 약은 실제로는 존재하지 않는 약이다. 하지만 마법사라면 이러한 약을 만들어내야 한다. 마법의 약을 만들기 위해 마법사는 쥐오줌풀, 풍뎅이눈알, 유니콘 뿔가루, 용의 피, 검은 고양이의 꼬리, 풀잠자리, 오소리가죽 등과 같은 이상한 재료들을 뒤섞어야 한다.

그렇다면 마법사가 가지고 있는 모순은 무엇일까? '마법사에게 무슨 모순이 있을 수 있냐'라고 생각할 수도 있겠지만, 마법사도 분명히 모순을 가지고 있다. '마법의 약은 세상에 존재하지 않는 약이다. 하지만 마법사라면 세상에 존재하도록 만들어야 한다'라는 것이 마법사의 모순이다. 이 모순은 트리즈의 40가지 발명원리 중 마지막 원리인 복합재료의 원리를 적용하여 해결할 수 있다. 복합재료의 원리는 여러 가지 물질을 섞어 새로운 물질을 만들어내는 것을 뜻한다. 세상에 없는 마법의 약을 만드는 방법은 여러 가지 (희귀한) 재료들을 뒤섞는 것이다.

● 제비집 짓기

삼월삼짇날 강남 갔던 제비가 돌아왔다. 제비는 처마 밑을 부산하게 오가며 집을 짓기 시작한다. 진흙에 침을 섞어 열심히 집을 짓지만, 진흙이 말라붙으면 집은 부서져내릴 것이다.

이런 걱정으로 유심히 제비집을 바라보고 있는데 제비는 어디선가 지푸라기를 물어오기 시작했다. 그러더니 이번에는 진흙과 지푸라기를 섞어 열심히 집을 짓기 시작한다. 얼마 후 처마 밑에는 튼튼한 제비집이 완성되었다. 구하기 쉬운 진흙을 이용하여 집을 짓기는 하지만 쉽게 부서져버리는 성질 때문에 진흙으로 집을 지을 수 없는 모순을, 지푸라기를 사용하여 해결한 것이다. 지푸라기를 흙과 섞은 복합재료는 제비가 떠날 때까지 새끼들의 안전한 안식처가 되어주었다.

PART 04
새로운 창의도구
트리즈마인드맵

1. 트리즈와 마인드맵의 만남

2. 트리즈마인드맵의 활용

3. 트리즈마인드맵을 이용한 비기술 문제 해결

PART 04 : 새로운 창의도구 트리즈마인드맵

트리즈마인드맵은 생각의 확장과 아이디어 발상에 대한 유용한 도구인 마인드맵과 문제의 현상을 직시하여 그 본질을 파악하고 모순을 찾아내어 혁신적 해결 방안을 제시하는 트리즈의 만남이다. 트리즈마인드맵은 지금까지 경험하지 못한 새로운 창의 도구가 될 것이다.

트리즈와 마인드맵의 만남

창의적으로 필기하자!!

창의력이란 '문제를 다르게 보는 힘'을 말한다. 그리고 더 나아가서는 문제의 해결을 위해 외부의 정보를 머릿속에 저장되어 있는 기존의 정보와 연결해서 새로운 생각으로 발전시켜 나아갈 수 있어야 한다. 국어사전에서는 창의력을 "새로운 것을 생각해내는 힘"이라고 정의하고 있으며, 또 어떤 사람은 "새롭고 신기한 것을 찾는 힘 또는 개성 있는 비범함"이라고 정의하기도 한다.

창의력이 있다는 것은 어떤 상황과 사물을 대하였을 때 그 상황이나

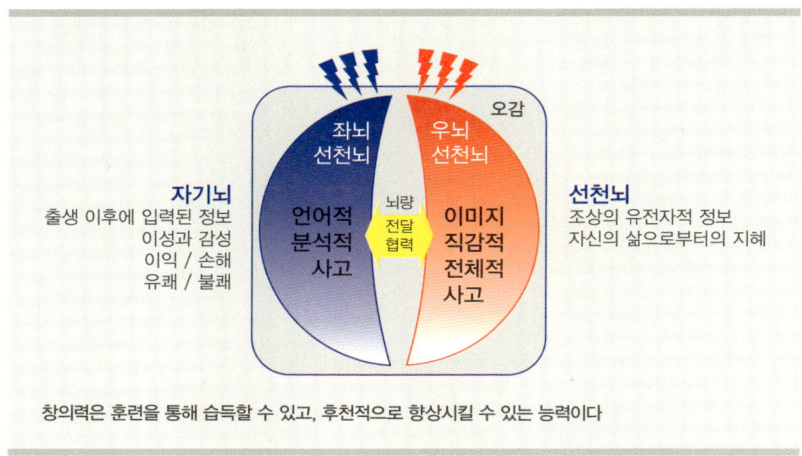

창의력은 훈련을 통해 습득할 수 있고, 후천적으로 향상시킬 수 있는 능력이다

 사물의 전체적인 특성을 인지하고, 그것이 어떻게 구성되었는지를 분석할 줄 알아야 한다. 또한 이들 구성요소 간의 상관관계를 파악하여 무엇이 떠오르는지 연상해볼 줄 알아야 하고, 이것들을 다른 어떤 요소들과 연결하고 결합할 수 있어야 한다. 정리해보면 창의력은 인지·분류·연상·결합의 네 가지 세부 능력으로 이루어졌다고 할 수 있다.

 사람이 동물과 구별되는 가장 우선적인 능력은 자신의 생각을 말과 글을 통해 전달하고, 그렇게 주고받은 생각을 통해 새로운 가치를 창출할 수 있는 능력이라 할 수 있다. 이러한 창의력은 일부 사람들만의 능력이 아니라, 사람이라면 누구나 지니고 있는 공통된 특성이다. 다만, 창의력의 정도가 사람마다 다른 것이라 할 수 있다. 하지만 무엇보다 중요한 것은 이러한 능력은 훈련을 통해 습득할 수 있고, 후천적으로 향상시킬 수 있는 능력이라는 점이다.

창의적인 능력을 향상시킬 수 있는 효과적인 방법 중의 하나가 창의적인 필기법이다. 지금껏 우리가 해왔던 필기법은, 네모의 틀 속에 갇혀있어 창의적 발상을 억제하는 필기법이라 할 수 있다. 창의적인 필기법은 창의적인 사고를 불러일으키게끔 우뇌를 자극하는 필기법이다.

창의적인 생각을 하는 능력과 이를 창의적으로 표현하는 능력은 동전의 양면처럼 상호 영향을 미치는 불가분의 관계에 있다. 즉 창의적인 사고를 하는 사람은 창의적인 필기 방법을 자연히 필요로 하게 되며, 창의적인 필기를 하는 사람은 그러한 필기에 의해 창의적인 사고를 더욱 가속화하게 된다.

천재의 노트는 이것이 다르다

다음(238쪽)의 그림을 보면 어떠한 생각이 드는가? 마치 전화를 받다가 이면지에 급하게 받아 적은 메모 같기도 하고, 고객에게 제품설명을 하기 위해 적어 내려간 메모 같기도 하다. 글과 그림이 섞여 있으면서 순서도 없이 여기저기 적어놓았기 때문에 이 노트를 작성한 사람이 아니면 알아보기가 어려울 것이다. 하지만 무질서한 낙서 같으면서도 글과 그림이 공간적으로 잘 배치가 되어 있어서, 이것을 쓴 사람이라면 언제든 단번에 알아볼 수 있을 것이란 생각도 든다.

왼쪽 노트는 《종의 기원》을 저술한 찰스 다윈의 것이며, 오른쪽 노트는 미술가이자 과학자이며 기술자이자 사상가인 레오나르도 다빈치의 것이다. 이들은 인류가 인정하는 천재라 할 수 있다. 우리는 흔히 '천재'라 하면 머리가 좋은 사람을 떠올린다. 그럼 '머리가 좋다'는 것의 의미를 좀 더 구체적으로 따져보자. 머리가 좋다는 것은 과연 무엇을 의미하는 것일까?

한국이 낳은 축구선수 박지성은 좋은 심장을 가지고 있고, 육상 100m 세계기록 보유자 우사인 볼트는 좋은 다리를 가지고 있다. 그리고 코리안 특급 박찬호는 좋은 어깨를 가지고 있다. 이들은 모두 자신의 능력을 최대한 발휘하기 위해 자신의 특성을 최대한 활용하는 사람들이다. 그렇다면 머리 좋은 사람이란 무엇이겠는가? 바로 자신의 좋은 머리를 최대한 활용하는 사람이라 할 수 있을 것이다. 특히 논리적 특성을 가진 좌뇌와 회화적 특성을 가진 우뇌를 모두 활용하여 생각하고 표현할 줄 아는 사람이 바로 머리가 좋은 사람, 바로 천재라 할 수 있는 것이다.

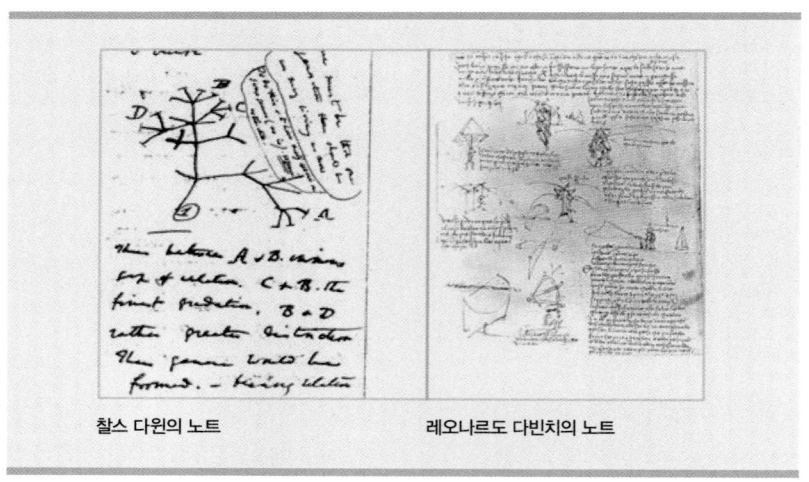

찰스 다윈의 노트   레오나르도 다빈치의 노트

다시, 앞에서 예들 든 천재 두 사람이 필기한 노트를 보자. 노트는 그림과 글이 뒤섞여 있어 좌뇌와 우뇌를 충분히 활용하여 작성된 것임을 알 수 있다. 보통 사람들의 노트 필기는 흔히 직선적 형태로 되어 있다. 어렸을 적부터 그렇게 배워왔고, 아이들에게도 그렇게 작성하도록 교육하고 있다. 하지만 우리가 알고 있는 직선적인 형태의 사고와 필기는 하면 할수록 우리를 실질적으로 지배하는 우뇌의 잠재 능력을 더욱 위축시키는 결과를 초래한다. 글쓰기를 직업으로 하는 사람을 제외하고 대부분의 사람에게 글을 쓴다는 것은 그 자체가 스트레스다. 따라서 좌뇌적인 필기는 하면 할수록 필기하는 것 자체에 싫증을 느끼게 만드는 요소를 가지고 있다.

컴퓨터 사용이 일반화되면서 실제로 사회생활을 통해 논리 정연한 글을 쓸 기회가 점점 더 줄어들고 있다. 그러나 업무에서 컴퓨터 사용을 배제하면 업무 효율을 기대할 수 없는 것이 현실이다. 이와 같은 현실에서 창의적인 생각을 효과적으로 전자 문서화하는 능력은 논리적인 글을 쓰는 것과는 또 다른 능력, 즉 지식과 정보의 시대에 갖추어야 할 매우 핵심적인 업무 역량이다. 우리는 모두 이 사실을 명심해야 한다.

우뇌를 자극하는 시각적 사고

'시각적 사고'라는 말이 있다. 시각적 사고 Visual Thinking란 시각적 이미지, 즉 한 장의 그림을 통해 제시된 정보를 이용하여 그 의미를 해석하고 도출하는 사고를 말하는 것이다. 어렸을 적 부르던 노래가 있다. "원숭이 엉덩이는 빨개, 빨가면 사과, 사과는 맛있어, 맛있으면 바나나, 바나나는 길어…." 원숭이 엉덩이를 보고 사과를 떠올리고, 사과를 떠올리니 바나나가 떠오르고, 바나나는 기차로 연결된다. 이렇게 머릿속으로 이미지를 떠올리며 생각을 전개해나가는 것이 바로 시각적 사고이다.

시각적 사고를 갖기 위해서는 생각을 대표하는 적절한 핵심어를 빨리 찾아내는 능력과 개념의 상관관계를 그림으로 잘 표현하는 능력이 무엇보다 중요하며, 시각적 사고와 필기는 우뇌의 창의적인 사고 능력을 자극하는 중요한 역할을 한다.

우리나라에서보다 해외에서 더욱 많은 연구를 하고 있는 성리학의 대가 퇴계 이황 선생은 〈성학십도〉라는 상소문을 작성하여 임금 선조에게 올린 적이 있다. 〈성학십도〉는 성리학의 핵심 내용을 열 개의 도표로 정리하여 간략히 설명한 것으로, 당시 68세이던 퇴계 선생이 17세의 어린 나이로 즉위하는 선조를 위해 작성한 것이다. 이는 핵심이 되는 주제를 가운데 두고, 이를 구성하는 세부 주제를 상관관계를 고려하여 계층구조적으로 시각화한 것이다.

이와 같이 개념을 시각화하는 것은 방대하고 복잡한 지식을 쉽게 이해하거나 전달하는 데 매우 큰 효과를 발휘한다. 붓만으로 필기를 하던 시절에 작성된 퇴계 이황의 〈성학십도〉는 핵심 개념을 시각적으로 표현하는 능력이 중요함을 보여주는 고전적인 예라고 할 수 있다. 아인슈타인은 "나는 이미지로 생각하고 말과 언어로 결과를 표현한다"라고 했다.

이처럼 시각적 사고는 전혀 새로운 개념이 아니며, 예나 지금이나 두뇌의 능력을 극대화하기 위한 중요한 사고 방법이자 필기 방법이다.

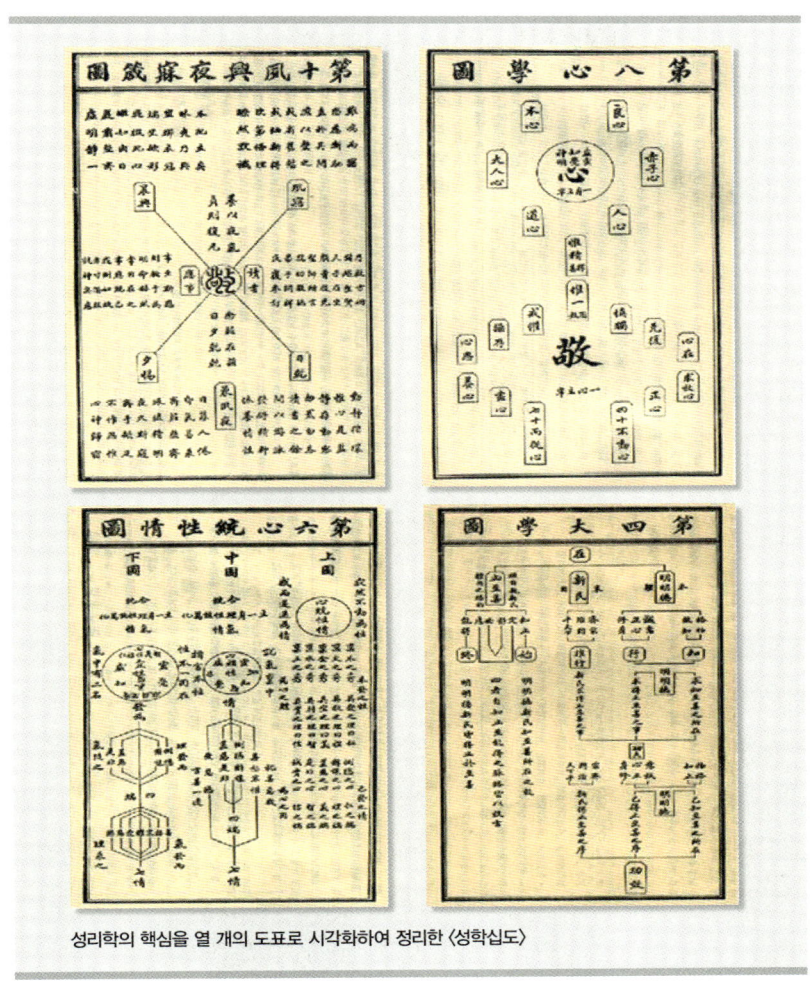

성리학의 핵심을 열 개의 도표로 시각화하여 정리한 〈성학십도〉

창의적 필기법, 마인드맵

마인드맵은 좌우 뇌의 특성을 가장 골고루 반영한 필기법으로 창의적 생각의 확산 전개에 매우 탁월한 효과를 보여준다. 에벌린 우드의 슬래시 회상법과 비교하면, 슬래시 회상법은 생각을 공간과 시간의 개념으로 구조화한다는 장점이 있는 반면, 마인드맵은 무순서 다차원적으로 전개되는 생각을 핵심어와 이미지 및 상상을 사용해서 확산적으로 시각화하는 특징을 가진다.

마인드맵은 확산적 표현 특성으로 인해 브레인스토밍처럼 무순서 다차원적 발상을 전개하는 데 매우 탁월한 효과를 얻을 수 있다.

브레인스토밍의 예

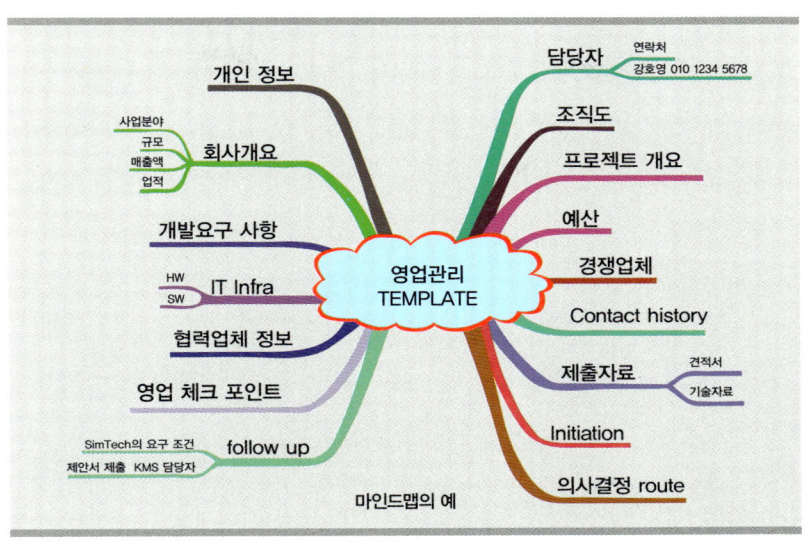

마인드맵의 예

트리즈와 마인드맵의 만남

지금까지 천재들의 창의적 필기 방법에 대해 알아보았다. 다시 정리해 보면 창의적 필기법이란 것은 좌뇌와 우뇌를 충분히 활용할 수 있는 것으로, 생각을 이미지화하여 정리하는 것이라 할 수 있다. 창의적 필기 방법, 그중에서도 마인드맵을 이용한 필기법이 창의성 개발에 도움이 되는 이유는 꼬리에 꼬리를 무는 많은 생각을 쏟아낼 수 있도록 두뇌를 활성화시켜 생각하는 연습을 충분히 할 수 있도록 도와주기 때문이다.

하지만 마인드맵은 무순서 다차원적으로 전개되는 생각을 시각화하는 것이기 때문에 생각의 흐름과 논리를 시계열time series, 時系列적으로 표현하는 데는 취약하다는 단점을 가지고 있다. 또한 많은 생각들이 쏟아져나오다 보니 생각의 목적이 불분명해지는 경우도 많이 있다. 즉 처음 목표로 한 것과는 전혀 다른 방향으로 생각이 전개될 가능성이 많다는 단점이 있다.

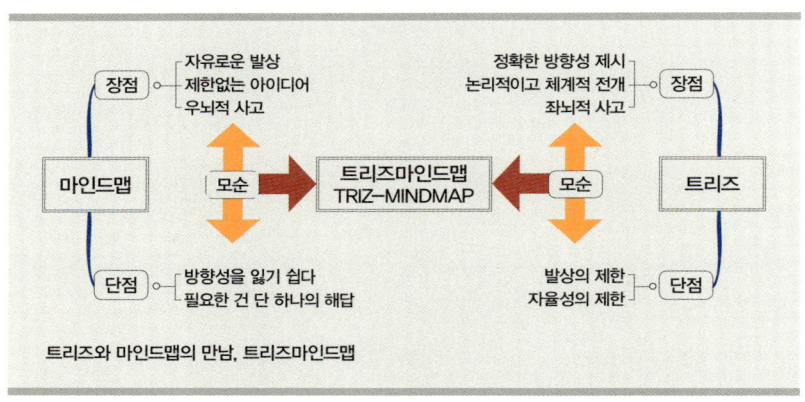

이번엔 트리즈에 대해 생각해보자. 트리즈란 창의적 문제해결 이론으로서, 문제의 핵심인 모순을 찾아내고 그 모순을 분석하여 해결책을 도출하는 프로세스, 즉 문제 해결 과정이다. 프로세스란 어떠한 일을 처리하기 위해 시작해서 완료할 때까지 거쳐야 하는 순서나 방법을 이르는 말이다. PART 02에서 설명한 실용 트리즈의 전개 방법에서 알 수 있듯이 트리즈는 주어진 문제를 논리적이면서도 체계적으로 접근해간다. 이러한 논리성은 트리즈의 강점임이 분명하다. 하지만 이 논리적 체계는 동시에 단점으로도 작용하게 된다.

트리즈는 브레인스토밍과 같이 목적 없이 무조건 많은 것을 발상하여 그중 괜찮은 것을 선택하는 방식이 아니라 정말 필요한 것만을 추출하고 생각할 수 있도록 유도해가는 과정이다. 하지만 이러한 트리즈의 프로세스적 특성으로 인해 자유로운 발상이 제한될 수밖에 없는 요소를 가지고 있는 것이다.

여기서 트리즈에서 강조하는, 모순을 도출해낼 수가 있다. 트리즈를 이용한 창의적 문제해결 기법은 뚜렷한 목적성과 방향성을 가지고 있기 때문에 해결책을 얻기 위한 효율적 방법이다. 하지만 트리즈는 자유로운 발상을 이끌어내지 못하기 때문에 창의적 두뇌 활동을 제한하는 단점을 가지고 있다.

반면, 마인드맵은 자유로운 발상으로 많은 생각과 아이디어를 생산할 수 있기 때문에 두뇌 활동을 최대한으로 활용할 수 있다. 하지만, 제한 없이 쏟아지는 발상으로 인해 무엇이 중요한 것인지 걸러내기가 힘들고 본래의 목적과도 멀어지는 결과를 얻게 될 수도 있다.

따라서, 트리즈는 논리적이고 체계적이지만 자유로운 발상에 제한이 있고, 마인드맵은 자유로운 발상에는 유리하지만 논리적 전개에는 제한이 따르게 되는 모순이 도출된다.

여기까지 읽어온 독자라면, 트리즈와 마인드맵에서 모순을 발견할 수 있을 것이고, 모순을 발견하는 순간, 곧바로 희열을 느끼는 분들도 있을 것이다. 트리즈를 공부해 온 사람이라면 모순이 바로 해결책으로 진입하는 시발점이 된다는 사실을 알고 있기 때문이다. 어떤가, 머릿속에는 곧바로 다섯 번째 발명원리인 통합의 원리가 떠오르는가? 트리즈를 마인드맵으로 전개해가는 과정, 즉 트리즈마인드맵은 이렇게 하여 필자에 의해 만들어진 이론이다.

   트리즈가 마인드맵을 만나게 되자, 자유로운 발상에 제한을 받지 않으면서도 또 방향성을 잃지 않고 체계적으로 해결책에 접근해나아갈 수 있는 새로운 창의성 도구인 트리즈마인드맵으로 탄생하게 된 것이다.

   트리즈마인드맵은 이렇게 탄생하게 되었다.

트리즈마인드맵의 활용

트리즈마인드맵을 이용한 문제 해결 방법

트리즈마인드맵이 지금까지 없었던 새로운 문제 해결 기법을 제시하는 것은 아니다. 트리즈마인드맵은 간단히 말해서 '트리즈의 문제 해결 프로세스를 마인드맵으로 전개해나간 것'이라 이해하면 된다.

트리즈마인드맵은 트리즈를 사용함에 있어 단순히 마인드맵을 이용하여 정리하는 것에 불과하지만, 이 두 가지 기법의 만남으로 인해 상호간의 단점이 보완된 새로운 창의 도구가 만들어진 것이다. 다음에서 트리즈마인드맵을 이용하여 전개되는 문제 해결 프로세스에 대해 살펴보도록 하자.

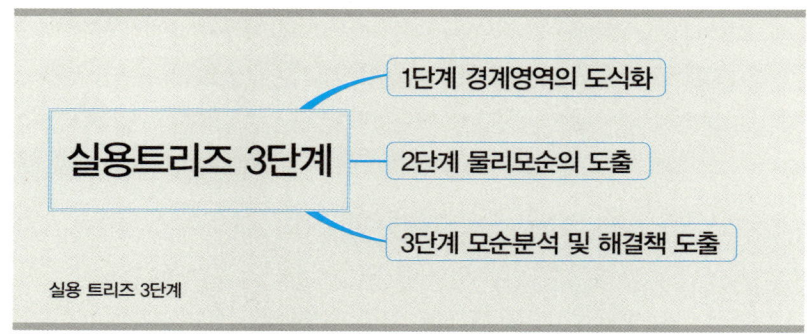

실용 트리즈 3단계

그림에 나와 있는 것은 실용 트리즈의 3단계 프로세스이다. 실용 트리즈에 대해서는 PART 02에서 〈다리미가 옷을 태우는 문제〉를 가지고 설명한 바 있다. 다음에서는 〈다리미가 옷을 태우는 문제〉를 마인드맵을 이용한 실용 트리즈의 문제 해결 과정, 즉 트리즈마인드맵의 문제 해결 과정을 전개해보도록 하겠다.

1단계 경계영역의 도식화

'경계영역의 도식화'란 문제의 상황을 그림으로 나타내는 것으로서, 문제가 일어나는 순간을 그림으로 표시하는 것이다. 이 과정은 문제를 짧은 시간에 정확하게 파악하기 위한 단계이다. 문제를 그림으로 그리면 되는 것이기 때문에 이해하기가 어려울 것은 없지만, 트리즈를 처음 접하는 사람은 도대체 무엇을 그려야 할지 망막하게 생각하는 경우가 많다. 물론 트리즈적 발상에 익숙하지 않기 때문에 벌어지는 현상이다. '경계영역의 도식화'를 하기 위해서는 문제에 대한 인식과 더불어 문제는 어떻게 구성되어 있는지, 그리고 각 구성요소들은 어떠한 작용을 하고 있는지 등에 대해 생각할 수 있어야 한다.

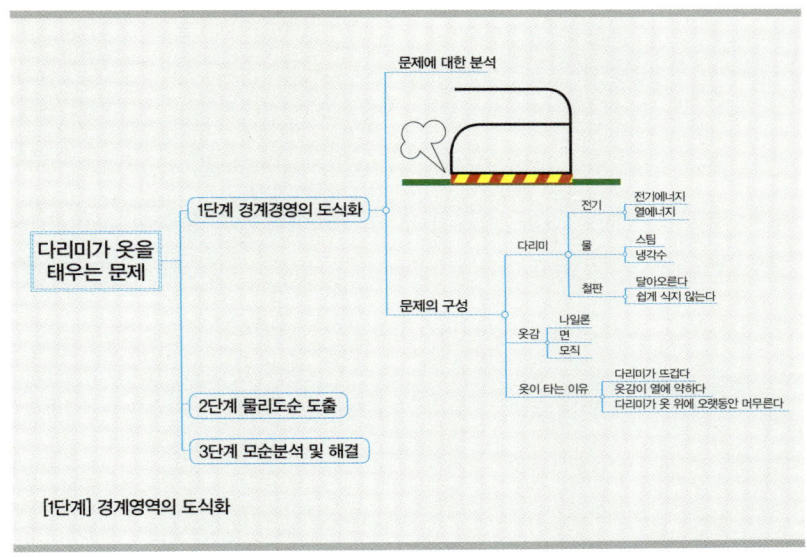

[1단계] 경계영역의 도식화

'1단계 경계영역의 도식화 단계'에서는 다리미가 옷 위에서 옷을 태우는 그림을 그리면 된다. 그러나 이 그림을 그리기 위해서는 생각해야 할 것이 많이 있다.

먼저 문제가 어떻게 구성되어 있는지를 살펴보아야 한다.

우선 문제를 이루고 있는 중심축은 무엇인지 생각해보자. 중심축은 두말할 것도 없이 다리미와 옷감이다. 그리고 다리미와 옷감의 작용 중 문제가 되는 것은 옷이 타는 현상이다.

그림을 그리기 전에 문제에 대한 전체적인 구성요건들을 먼저 정리해 본다면 1단계를 진행하는 데도 도움을 주고, 2단계의 내용 정리에도 많은 도움을 주게 된다.

자원분석 방법을 이용한 문제의 분석

다리미와 관련한 문제는 비교적 간단한 문제이기 때문에, 간단한 발상만으로도 충분할 수 있다. 하지만 이것보다 복잡하고 어려운 문제를 해결하기 위해서는 문제의 구성에 대해 더욱 많은 것을 생각해보아야 한다.

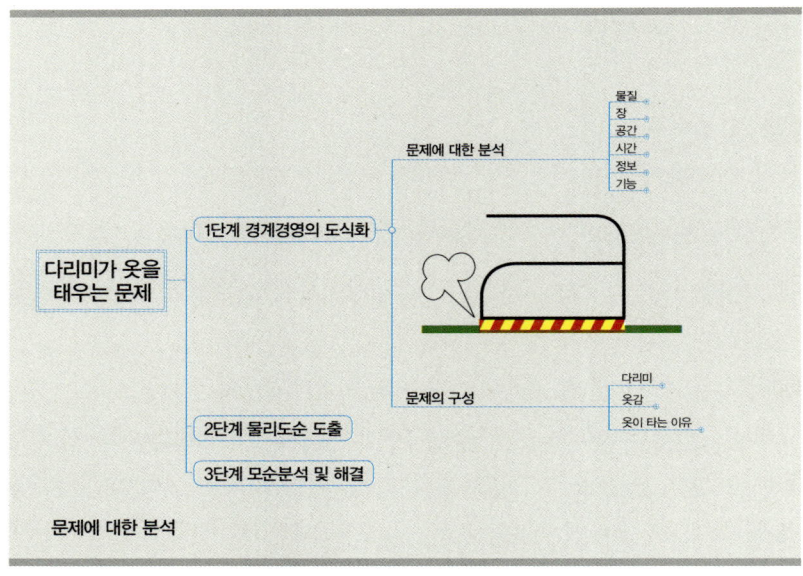

문제에 대한 분석

자원분석 방법이 문제 해결을 위해 반드시 필요한 것은 아니다. 하지만 문제를 정확하게 인지하는 것 자체가 문제 해결의 핵심이기 때문에 문제를 철저히 분석하는 것은 매우 중요한 일이다.

자원분석은 물질·장·공간·시간·정보·기능 등의 여섯 가지 분야로 나누어 문제에 대해 분석하는 과정이다.

물질

물질은 문제의 주체가 되는 부분이다. 여기서는 다리미와 옷이 주체가 된다. 그리고 다리미는 다시 그것을 구성하는 다리미 밑판·전원공급장치·온도조절스위치·손잡이·전원코드 등으로 구성되고, 옷은 옷감·섬유·실 등으로 구성되어 있다. 어렵고 복잡한 문제일수록 그 구성요소를 더욱 세분화하는 것이 필요하다.

장

장은 영어로는 Field이며, 문제의 주체가 되는 물질에 작용하는 힘을 말한다. 여기에서는 다리미에 공급되는 전기, 전기에 의한 열, 그리고 옷에 가해지는 압력 등이 해당된다.

공간

문제가 일어나는 공간을 의미한다. 공간 영역은 될 수 있는 한 작게 표현하는 것이 좋다. 다림질을 하는 곳이 거실이라고 해서 거실 전체를 공간으로 표현하게 되면 문제를 찾아내기가 어렵다. 그렇기 때문에 여기서는 문제가 일어나는 공간을 다리미와 옷이 접촉해 있는 공간으로 간단하게 표시하였다.

시간

문제가 발생할 때, 어떠한 시간적 요소가 작용하는지를 말하는 것이다. 다리미 문제에 있어서는 결론적으로 뜨거워진 다리미가 옷 위에 머물러 있는 시간이 해당되겠지만, 문제를 분석하는 단계에서는 다리미가 뜨거워지는 시간, 다리미 밑판이 뜨거워지는 시간, 온도가 조절되는 시간 등으로 구분하여 생각해볼 수 있다.

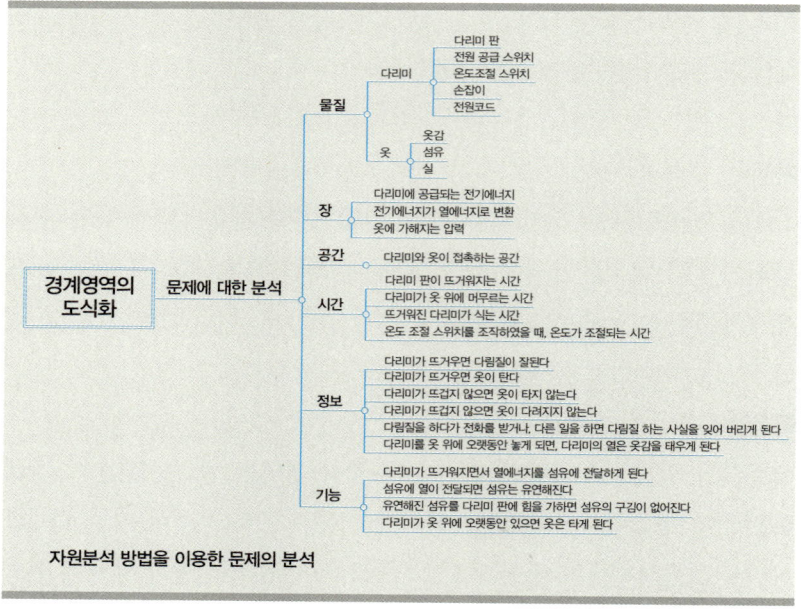

자원분석 방법을 이용한 문제의 분석

`정보`

  분석한 자원에 대한 정보를 뜻한다. 단순한 문제인 경우에는 '다리미가 뜨거우면 다림질이 잘되고, 다리미가 뜨겁지 않으면 옷이 잘 다려지지 않는다'는 식으로 표현해도 되겠지만, 문제를 제대로 분석하기 위해서는 정확한 측정 장비를 이용하여 정확한 정보를 기록하는 것이 중요하다. 즉, '다리미가 달궈지는 최대온도 300도, 섬유의 변형은 300도의 열이 30초 이상 전달되는 경우 발생' 등으로 정확한 데이터에 근거하여 표시하는 것이 필요하다.

`기능`

  자원이 어떠한 역할을 하는지를 표시한다. 다리미는 뜨거워지면서 열에너지를 섬유에 전달하게 된다. 섬유에 열이 전달되면 섬유는 유연해진다. 유연해진 섬유에 압력이 가해지면 섬유의 구김이 사라진다. 다리미가 섬유 위에 오랫동안 있게 되면 옷이 타게 된다.

  위에서 자원분석의 여섯 가지 분야에 대해 설명하였지만, 각각의 내용에 제한을 둘 필요는 없다. '물질' 항목은 문제의 주체가 되는 부분이라 설명하였지만, 그 설명에 부합하기 위해 노력하지 말고 문제를 분석하는 본인이 물질이라고 생각하는 항목에 대해 자유롭게 발상하는 것이 중요하다. 트리즈라는 이론의 틀에서 벗어나 마인드맵의 영역에서는 마음껏 본인의 생각을 확산시키는 것이 더욱 중요하기 때문이다.

2단계 물리모순의 도출

1단계 경계영역의 도식화에서 2단계 물리모순의 도출로 넘어가보자. 실용 트리즈에 많이 익숙해진 사람이라면 1단계에서 문제를 명확히 짚었기 때문에 2단계 과정은 매우 간단하게 처리할 수 있다. 그 이유는 1단계에서 이미 문제 분석을 위한 대부분의 과정을 완료했기 때문이다. 하지만, 트리즈를 처음 접하는 사람에게는 2단계 작업 역시 그리 만만한 작업이 아니다.

1단계 경계영역의 도식화 작업을 한 후에 이것을 다시 언어로 표시할 필요는 없다. 하지만 트리즈가 익숙하지 않은 사람이라면, 2단계 과정으로 넘어가기 전에 그림을 문장으로 정리해보는 것이 큰 도움이 된다.
그림에는 다리미와 옷감 그리고 옷이 타서 눌러붙어 있는 장면이 표시되어 있다. 그리고 다리미 밑판이 뜨겁게 달궈져 있다.

다리미와 옷감 그리고 옷이 타서 눌러붙어 있는 장면

옷을 태우게 되는 이유는, 다리미가 뜨겁기 때문이라고 생각할 수도 있고, 옷이 열에 약하기 때문이라고 생각할 수도 있다. 그리고 뜨거운 다리미가 일정 시간 이상 옷 위에 올려져 있기 때문이라고 생각할 수도 있다.

1단계의 그림을 문장으로 정리해보면 다음과 같이 정리할 수 있다.

- 뜨거운 다리미는 옷을 태운다.
- 열에 약한 옷은 다리미의 열로 인해 변형이 된다.
- 뜨거워진 다리미가 일정 시간 이상 옷 위에 올려져 있으면 옷이 타게 된다.
- 달궈진 다리미가 다림질을 멈춘 채 옷 위에 올려져 있으면 옷을 태우게 된다.

각각의 문장은 순차적으로 풀어놓은 것이 아니라, 문제의 현상을 개별적으로 설명한 문장이다. 다음으로 이렇게 정리된 문장을 통해 문제 현상이 나타나지 않기 위해서는 어떠한 상황이 되어야 하는지를 서술하여야 한다. 어렵게 생각할 필요는 없다. 간단히 말해서 위에 정리한 문장의 상황이 일어나지 않도록 하는 그 반대의 내용을 적으면 된다.

- 다리미가 뜨거우면 안 된다.
- 옷이 열에 강해야 한다.
- 뜨거워진 다리미가 옷 위에 있지 않아야 한다.
- 달궈진 다리미가 옷 위에 있지 않아야 한다.

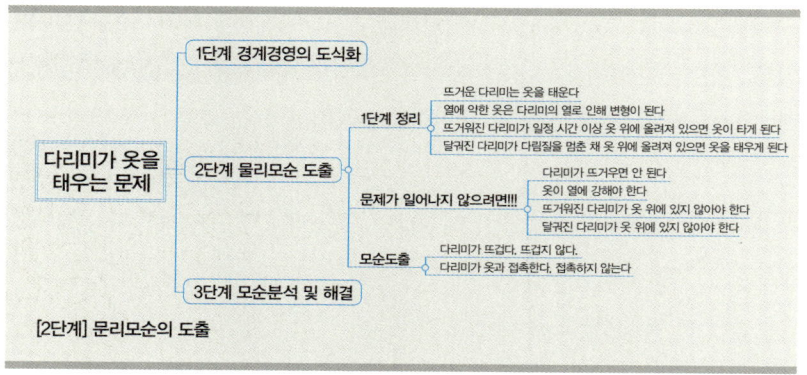

[2단계] 물리모순의 도출

　여기까지 정리하면 물리모순을 도출하는 것은 매우 쉬워진다. 1단계를 정리한 문장과 그 반대의 상황을 연관 지어 생각해보면, 대략 2가지의 모순 문장으로 압축이 된다.

　<u>첫 번째 모순은 '다리미가 뜨거워야 하고 뜨겁지 않아야 한다'라는 모순 문장으로 정리할 수 있다.</u> 다리미의 뜨거운 열 때문에 옷이 타게 되기 때문에 다리미는 뜨거워서는 안 된다. 하지만 다리미가 뜨겁지 않으면 옷을 다릴 수 없기 때문에 다리미는 뜨거워야만 한다. 이 두 가지가 서로 상반된 입장에 있기 때문에 모순이 되는 것이다.

　<u>두 번째 모순은 '다리미가 옷과 접촉해야 하고 접촉해서는 안 된다'라는 모순 문장으로 정리할 수 있다.</u> 다리미가 옷을 태우지 않으려면 옷과 떨어져 있어야만 한다. 하지만 다리미가 옷을 다리기 위해서는 옷과 접촉해 있어야만 한다. 역시 두 가지 상반된 입장은 모순 관계에 있다.

　이렇게 문제의 모순을 문장으로 정리하게 되면 2단계 물리모순 도출 단계까지 완성하게 되는 것이다.

3단계 모순 분석 및 해결책 도출

2단계까지의 과정을 통해 두 개의 물리모순을 도출하였다. 3단계에서는 도출된 모순을 시간적으로 분리하고 공간적으로 분리하여 분석하는 단계이다.

앞의 PART 02장에서 설명한 것처럼 시간분리라는 것은 시간대 별로 모순 현상을 나누어 적용하는 것을 말한다. 그리고 공간분리라고 하는 것은 단일 공간에서 두 가지 모순이 함께 공존할 수 있는 방법을 생각해보는 것이다.

첫 번째 모순인 '다리미가 뜨거워야 하고 뜨겁지 않아야 한다'부터 분석해보자.

1 시간분리 다림질을 하는 시간에는 뜨겁고 다림질을 하지 않을 때는 뜨겁지 않아야 한다. 사람이 다림질을 하는 순간을 자동으로 감지하여 그 시간에만 다리미에 열이 가해질 수 있도록 할 수 있다면 옷이 타는 문제를 해결할 수 있을 것으로 추정된다.

2 공간분리 다리미의 밑판이 뜨거운 공간과 뜨겁지 않은 공간이 공존할 수 있으면 된다. 그런데 다리미의 밑판이 뜨거운 공간과 뜨겁지 않은 공간이 공존하기 위해 어떠한 방법을 생각할 수 있겠는가? 다리미의 중앙 부위만 뜨겁게 하고 바깥쪽 테두리에는 열이 가해지지 않도록 만들어볼 수도 있겠지만, 이것이 옷이 타는 문제를 해결할 수 있을지는 의문이다.

두 번째 모순인 '다리미가 옷과 접촉하고 접촉해서는 안 된다'라는 모순을 분석해보자.

1 시간분리 다림질을 하는 시간에는 다리미가 옷과 접촉하고, 다림질을 하지 않을 때는 옷과 접촉하지 않아야 한다. 이것 역시 다림질을 하는 순간을 자동으로 감지하여 그 시간에만 다리미가 옷과 접촉할 수 있도록 조치한다면 문제를 해결할 수 있을 것으로 판단된다.

2 공간분리 다리미의 밑판이 옷과 접촉해 있으면서 동시에 접촉하지 않는, 두 가지 조건이 공존할 수 있도록 해야 한다. 다리미가 옷과 접촉하는 문제에 대한 공간분리의 조건은 시간분리의 내용과 자연스럽게 연결이 된다. 다림질 하는 순간을 자동으로 감지하여 옷과 접촉할 수 있도록 하고 그 외의 시간에는 옷과 접촉하지 않으면 된다. 그렇다면 다림질을 하지 않는 동안에는 어떻게 옷과 다리미가 분리되어야 하는지 생각해본다면 해결책을 얻을 수 있을 것으로 생각된다.

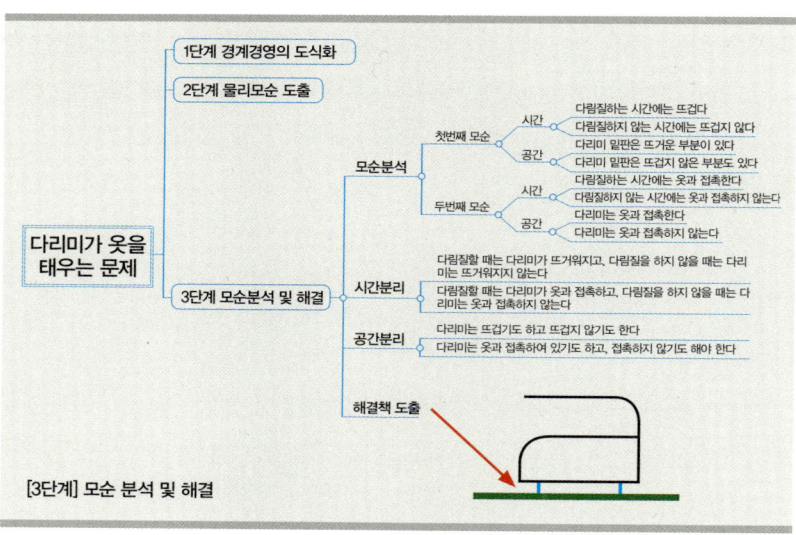

[3단계] 모순 분석 및 해결

분석이 모두 끝났으면 분석 내용을 토대로 해결책을 도출하여야 한다. 먼저 시간분리로 분석한 내용으로 해결책을 도출해보도록 하자.

다림질을 할 때만 다리미가 뜨거워졌다가, 다림질을 하지 않을 때는 뜨겁지 않아야 한다. 동시에, 다림질을 할 때만 옷과 접촉했다가, 다림질을 하지 않을 때는 옷과 접촉하지 않도록 해야 한다.

여기까지 진행이 되었다면, 특별한 과학지식을 가지고 있지 않더라도 해결의 아이디어를 얻을 수 있을 것이다. 손잡이 부위에 센서를 부착하여 사람의 손이 닿으면 다림질을 하는 시간으로 감지하여 열을 전달하거나, 옷과 접촉할 수 있는 장치를 생각해볼 수 있다.

이번에는 공간분리로 분석한 내용으로 해결책을 도출해보도록 하자.

다림질 하는 순간을 자동으로 감지하여 옷과 접촉할 수 있도록 하고 그 외의 시간에는 옷과 접촉하지 않으면 된다.

다리미가 뜨거우면서도 뜨겁지 않은 조건을 동시에 만족시키고, 다리미가 옷과 접촉하면서도 접촉하지 않는 조건을 동시에 만족시키는 방법을 생각해보자.

다리미 밑판에 다리미를 들어올릴 수 있는 기계적 장치를 추가하게 된다면, 공간분리 조건에 부합하는 다리미를 개발할 수 있다. 이 장치는 다리미가 옷과 접촉되지 않도록 다리미를 떠받치고 있다가, 사람이 다림질을 하기 위해 손잡이를 잡거나 힘을 가하면 옷과 접촉하게 한다. 따라서 다리미의 일부분이 옷과 접촉해 있는 상태이기 때문에 옷과 접촉해 있는 조건을 만족하는 것이고, 동시에 뜨거워진 다리미 밑판은 들어 올려져 있기 때문에 옷과 접촉하지 않고 있는 상황을 동시에 만족하는 조건이 된다.

다리미에 가해지는 열도 같은 조건에서 만족한 조건을 가지게 된다. 다리미를 떠받치는 장치에는 열이 전달되지 않기 때문에 뜨겁지 않고, 다리미의 밑판은 열이 전달되어 있기 때문에 뜨거운 상태가 된다. 따라서, '다리미가 뜨거우면서도 뜨거워서는 안 된다'라고 하는 모순조건을 만족하게 된다.

트리즈마인드맵을 이용한 비기술 문제 해결

비기술 문제 해결에 대한 실용 트리즈의 유용성

트리즈는 기술 문제를 혁신적으로 해결하는 새로운 방법론으로 잘 알려져 있다. 최근에는 트리즈를 비기술 분야에 응용하려는 시도가 많아지고 있다.

비기술 실용 트리즈는 주로 사람들 사이에서 발생하는 문제를 해결하는 데 유용한 방법론이다. 일반적으로 사람들 사이에서 발생되는 비기술 문제에는 기술 분야보다 더 많은 물리모순이 들어 있다. 때문에 트리즈를 비기술 분야에 적용하는 것은 유용하며 또 어렵지 않다. 왜냐하면 모순을 해결하는 과정은 기술 분야든 비기술 분야든 동일하기 때문이다. 다만 문제를 재정의하는 과정이 다를 뿐이다. 기술 문제 해결에서 트리즈가 잘 알려지면서 비기술 문제의 해결에 트리즈를 사용하는 사례가 많아지고 있다.

그러나 사람이 관계되는 비기술 문제는 문제의 실체를 정확하게 정의하기가 어렵다. 왜냐하면 많은 요소들이 엉켜 있으며, 문제를 하나하나 단계적으로 분석할 수 있는 구체적인 문제해결 방법론을 찾기가 매우 어렵기 때문이다.

비기술 문제는 다음과 같이 5가지 특성을 가지고 있다.

1) 문제에 관련된 많은 요소들이 서로 뒤엉켜 있다.
2) 문제를 단계별로 분석하기 어렵다.
3) 지식과 경험에 의한 높은 벽이 존재한다.
4) 모순의 실체가 명확하지 않다.
5) 정형화된 문제에 대해서는 해결 방법이 없다.

여기서 5)의 '정형화된 문제'라고 하는 것은, 선과 악을 판별하는 문제이거나, 사회규범과 관련된 것과 같이 일방적으로 규정되어 있는 문제를 말한다.

비기술 문제에서는 모순의 실체가 명확하지 않기 때문에 모순을 해결하기가 매우 어렵다. 모순의 대상이 무엇인지 모순을 일으키는 요소들의 상호관계가 무엇인지가 불명확하기 때문에 문제의 해결책으로 접근하기가 매우 어려운 것이다. 이런 모순들의 관계를 명확하게 할 수 있는 방법이 바로 '요소-상호관계 기법'이다. 문제를 요소-상호관계 기법으로 나타내면 모순을 쉽게 찾을 수 있다.

비기술 문제 해결에 있어 트리즈가 지니고 있는 장점은 크게 5가지가 있다.

1) 객관적으로 문제를 관찰할 수 있다.
2) 문제의 본질을 파악할 수 있다.
3) 문제 해결의 방법이 단계적으로 구성되어 있다.
4) 기존의 지식과 경험에서 벗어나 제3의 대안을 찾을 수 있다.
5) 문제 해결의 과정을 파악할 수 있다.

요소-상호관계 기법

실용 트리즈를 이용하여 비기술 문제를 해결하는 방법 중 가장 중요한 단계는 1단계인 경계영역 도식화의 단계이다. 그러나 기술 문제는 문제의 현상을 그림으로 표현하는 것이 가능하지만, 비기술 문제는 그림으로 표현하는 것이 불가능하다. 따라서 비기술 문제의 실체와 모순의 관계를 명확하게 할 수 있는 요소-상호관계 기법을 실용 트리즈의 제1단계로 활용하게 된다.

요소-상호관계 분석은 주로 사람과 관련된 문제를 모델링하기 위한 도구이다. 일상에서 시스템을 구성하는 성분으로 '요소'라는 명칭을 우리들은 잘 알고 있다. 뿐만 아니라 '상호관계'라는 용어도 일상의 관계를 설명할 때 자주 사용한다. 여기서 요소는 문제를 발생시키는 핵심적인 어떤 것을 의미한다. 아래의 그림은 두 개 요소와 하나의 상호관계로 구성된 요소-상호관계 기법과 세부 설명이다. 그림에서 두 요소와 상호관계 및 연결기호의 의미는 다음과 같다.

요소(Element)

문제를 분석하기 위한 두 개의 핵심 성분으로 사람의 성격, 물건의 가격, 시간, 공간, 시장, 관리 등이 요소가 될 수 있다. 왼쪽에 위치한 요소1은 요소2에 영향을 줄 수 있는 것으로 선택한다. 문제 해결에 주체적인 위치에 있는 것을 요소1로 한다. 물리모순은 반드시 요소1의 성분 중에서 나오도록 하는 것이 모순도출에 편리하다.

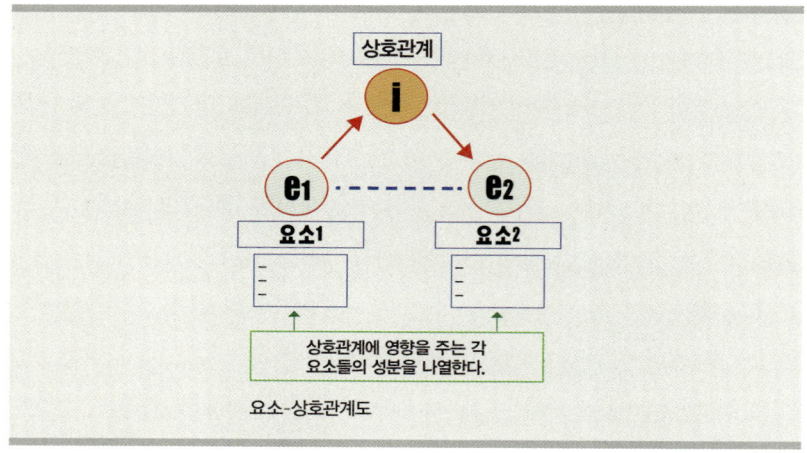

요소-상호관계도

상호관계(Interaction)

두 요소 사이에서 발생되는 관계로, 제품의 가격, 속도, 정보, 성격, 가치관 등이 될 수 있다.

연결기호

점선은 두 요소가 서로 관련되어 있음을 의미하고, 화살표는 두 요소 간의 상호관계의 방향을 의미한다.

상호관계를 갖는 요소1과 요소2는 문제를 야기시키는 문제의 핵심 부분이다. 상호관계는 두 요소들의 관계를 의미한다. 비기술 문제 해결에서는 정확한 상호관계 설정이 아주 중요하다. 상호관계가 명확하지 않으면 두 요소 간의 관계를 재정의할 수 없다. 상호관계가 명확하지 않을 경우 문제 속에 들어 있는 모순을 찾아낼 수 없다. 때문에 두 요소를 먼저 결정하고 상호관계를 설정해야 한다. 두 요소의 성분(각 요소 아래 있는 사각형에 들어가는 것)은 상호관계와 직접적인 관련이 있는 것들만을 의미한다.

트리즈에서 문제를 재정의하고 분석할 때 사람과 사람 및 사람과 사물의 관계를 하나의 시스템으로 본다. 이 같은 관점은 아주 중요하다. 왜냐하면 사람의 주관을 배제하고 문제를 객관적으로 바라볼 수 있기 때문이다. 사람을 포함하는 모든 문제의 상황을 시스템적으로 분석하면 기술 문제와 같이 단계별로 문제를 해결할 수 있다. 요소-상호관계 기법은 과학기술 분야에서는 구체적인 물리량으로 나타낼 수 있는 힘, 에너지, 자기력, 진공 등을 의미한다. 반면 비과학기술 분야에서는 사람을 포함하는 생물의 행동 사회활동에서 발생되는 모든 것을 의미한다.

1단계 경계영역의 도식화(요소-상호관계)

   비기술 문제의 사례로서 최근 들어 매우 심각한 사회문제로 부각되고 있는 자살문제를 다루어보겠다. 특히 군대 내에서의 자살사고 예방에 대한 문제를 분석하여 효과적인 예방시스템을 찾아보고자 한다.

   (군 부대 내에서 이루어지는 자살사고 문제는 울산에 소재한 공군 제 8146부대(부대장 신현승)에서 부대장님을 비롯한 부대장병들과 함께 연구한 성과이다. 지면을 빌어 연구에 도움을 주신 분들께 감사의 말씀을 전한다.)

   문제 해결의 첫 번째 단계로서 요소-상호관계 기법을 이용하여 문제를 분석해보았다.

   자살 예방 활동의 가장 중요한 요소는 자살 시도자와 자살 예방시스템이다. 하지만 자살 시스템을 운영하고 실제로 자살 시도자에게 영향을 미칠 수 있는 것은 사람이다. 때문에 자살 방지부서 혹은 그 관리자가 주요 요소에 해당된다.

   자살은 사람과 사람 사이의 문제로 인하여 발생될 가능성이 가장 높다. 따라서 이 문제의 핵심은 자살자와 자살을 막아야 하는 사람들의 문제로 볼 수 있다. 그렇기 때문에 자살 예방을 위한 요소-상호관계도

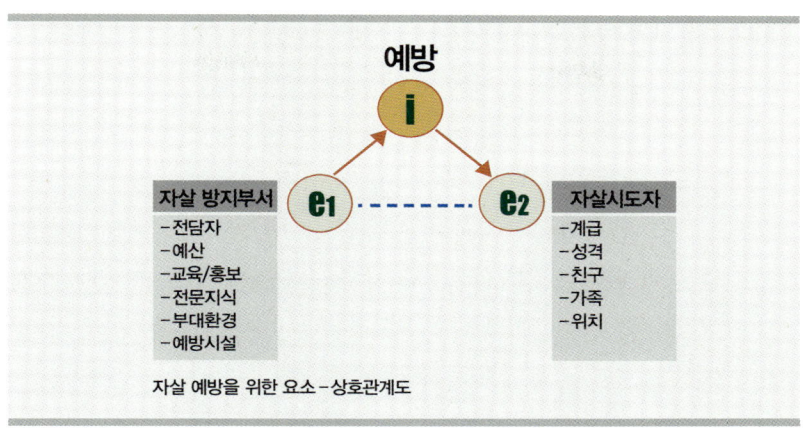

자살 예방을 위한 요소 - 상호관계도

는 위의 그림과 같다.

  사람과 사람 간의 요소-상호관계도에서 핵심 요소는 '자살 방지부서'와 '자살 시도자'이고 상호관계는 '예방 활동'이다. 요소2, 자살 시도자의 중요 성분은 계급, 성격, 친구, 가족 등이다. 반면 요소1, 자살 방지부서의 중요 성분은 전담자, 예산, 교육/홍보, 전문지식 등이다.

  그러나, 위와 같은 요소-상호관계도를 그려내기 위해서는 사전에 해당 문제에 대해 충분한 문제 분석이 이루어져야 한다. 문제의 분석은 〈PART 04의 트리즈마인드맵의 활용〉에서 설명한 것과 동일한 '자원분석의 방법'을 통해 분석하면 된다. 자원분석은 물질·장·공간·시간·정보·기능의 여섯 가지 분야로 나누어 문제에 대해 분석하는 과정이라고 설명한 바 있다. 비기술 문제에 대해서도 분석의 방법이 달라지는 것은 없다. 각 분야에 해당하는 내용을 충실하게 서술하면 되고, 부족하다면 추가시키고, 필요 없다면 과감히 생략하면 된다.

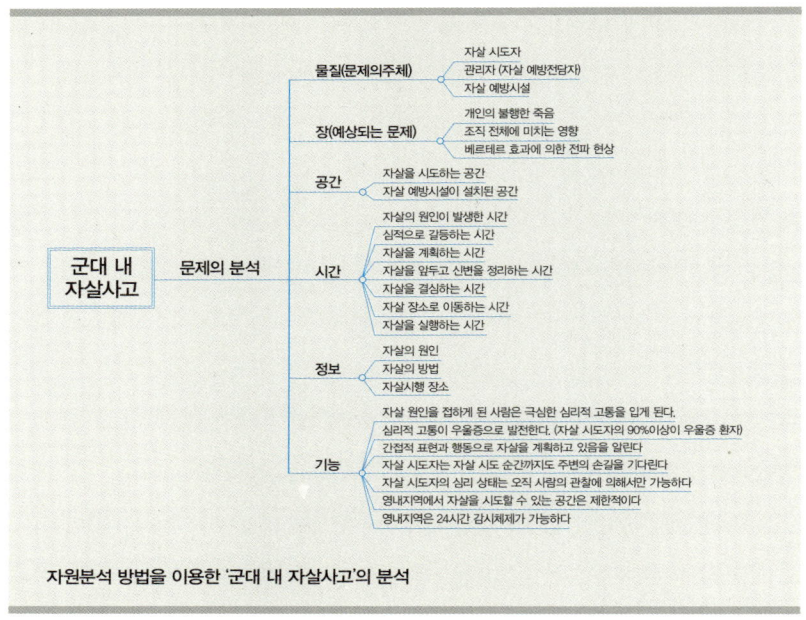

자원분석 방법을 이용한 '군대 내 자살사고'의 분석

    자살사고 예방활동에 대해서는 이미 군 부대를 비롯한 전 장병들이 자살사고에 대한 심각성에 대해 인지하고 있었고, 자살사고를 예방하기 위해 많은 노력을 하고 있었다. 그렇기 때문에, 앞의 그림(269쪽)에 표시된 두 개의 요소(자살 예방부서와 자살 시도자)를 통해 도출되는 예방활동은 이미 시행되는 경우가 많이 있었다.

    예를 들자면, 예방활동 강화를 위해 외부 인력(종교 단체, 지역 단체, 군인 가족 등)을 활용하거나, 효율적 자살 예방교육을 위해 위험집단을 선정하여 집중 교육하는 방법, 자살 위험지역을 설정하여 CCTV를 설치하는 방법 등은 이미 시행되고 있었다.

따라서, 새로운 예방시스템을 개발하기 위해서는 문제의 주체를 다시 선정하여 지금까지와는 다른 시각으로 문제를 분석해야 할 필요가 있었다.

그래서 사람의 활동으로 자살을 예방하는 방법은 이미 잘 알려져 있기 때문에 과학기술을 이용한 자살 예방시스템을 개발하는 방법을 생각해보았다. 이를 위하여 아래의 그림과 같이 요소1(e1)을 자살 방지부서로 놓고, 요소2(e2)를 예방시스템으로 설정하여 각각의 특성을 분석하였다.

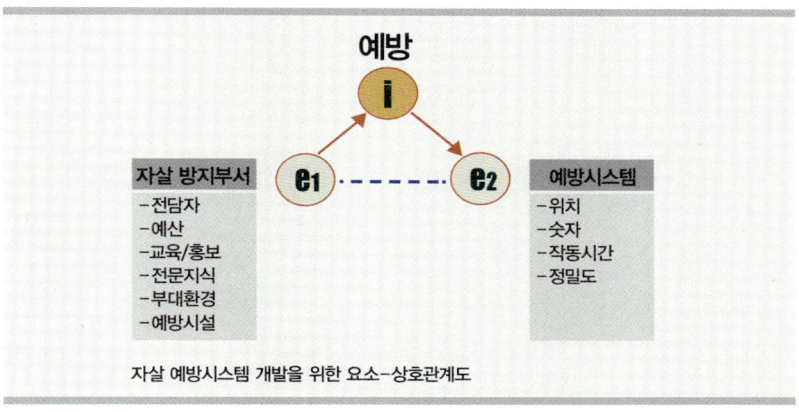

자살 예방시스템 개발을 위한 요소-상호관계도

이 경우 자살 방지부서(관리자)가 자살 예방시설에 영향을 주게 되는 작용(i) 역시 자살 예방활동이며, 좀 더 구체적으로는 감시활동이라고도 할 수 있다. 그리고 관리자의 자살 예방활동에는 자살 예방활동의 전담자, 예산, 교육, 상담, 전문지식, 부대 환경, 자살 예방시설 등을 표시할 수 있고, 자살 예방시스템에는 설치 위치, 표시되는 숫자, 작동 시간, 기기의 정밀도, 감지센서, 전기 등의 특성을 표시할 수 있다.

2단계 물리모순의 도출

1단계의 그림을 토대로 물리모순을 도출해보자. 물리모순 도출을 위해서는 문제의 구성요소의 특성을 분석하며 1단계를 정리할 필요가 있다.

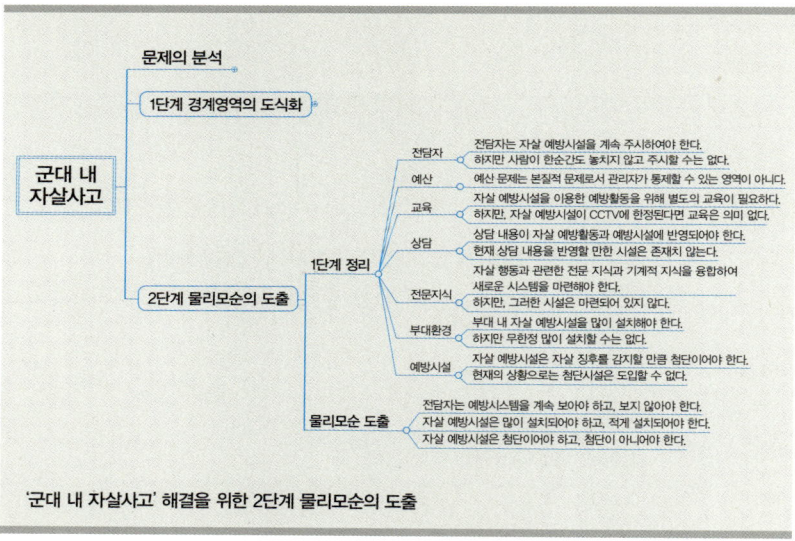

'군대 내 자살사고' 해결을 위한 2단계 물리모순의 도출

구성요소의 특성을 정리해보면, '전담자가 예방시스템을 주시해야 하는 문제', '예방시설이 많이 설치되어야 하는 문제', '첨단 시스템이 도입된 예방시설을 설치하는 문제'로 압축시켜 볼 수가 있다.

1 자살 예방전담자는 24시간 한 순간도 빠짐없이 예방시설을 감시하고 있어야

한다. 하지만 사람인 이상 완전무결하게 감시할 수는 없다.
2. 예방시설은 가능한 한 많이 설치되어야 한다. 하지만 예산과 공간의 제한으로 인해 무한정 많이 설치할 수는 없다.
3. 예방시설은 첨단기술이 적용되어야 한다. 이를테면, 사람의 표정을 읽어 심리 상태를 파악할 수 있는 장치를 적용할 수 있다면 혁신적 시스템이 될 수 있다. 그러나 아직까지 그러한 시스템은 개발되지 못하였고, 개발하기 위해서는 많은 예산이 필요하게 될 것이다.

결국, 이상의 세 가지 내용은 물리모순으로 연결된다.

1. 전담자는 예방시스템을 24시간 감시해야 하고, 감시해서는 안 된다.
2. 예방시설은 많이 설치되어야 하지만, 많이 설치해서는 안 된다.
3. 예방시설은 첨단기술이 적용되어야 하지만, 첨단기술이 적용되어서는 안 된다.

3단계까지의 내용을 마인드맵으로 정리해보면 아래 그림과 같이 나타나게 된다. 마인드맵은 원래 각각의 항목을 상징적 이미지로 표현하여야 한다. 하지만 실제 업무에 마인드맵을 적용하게 되면, 텍스트 내용을 그대로 집어넣게 된다.

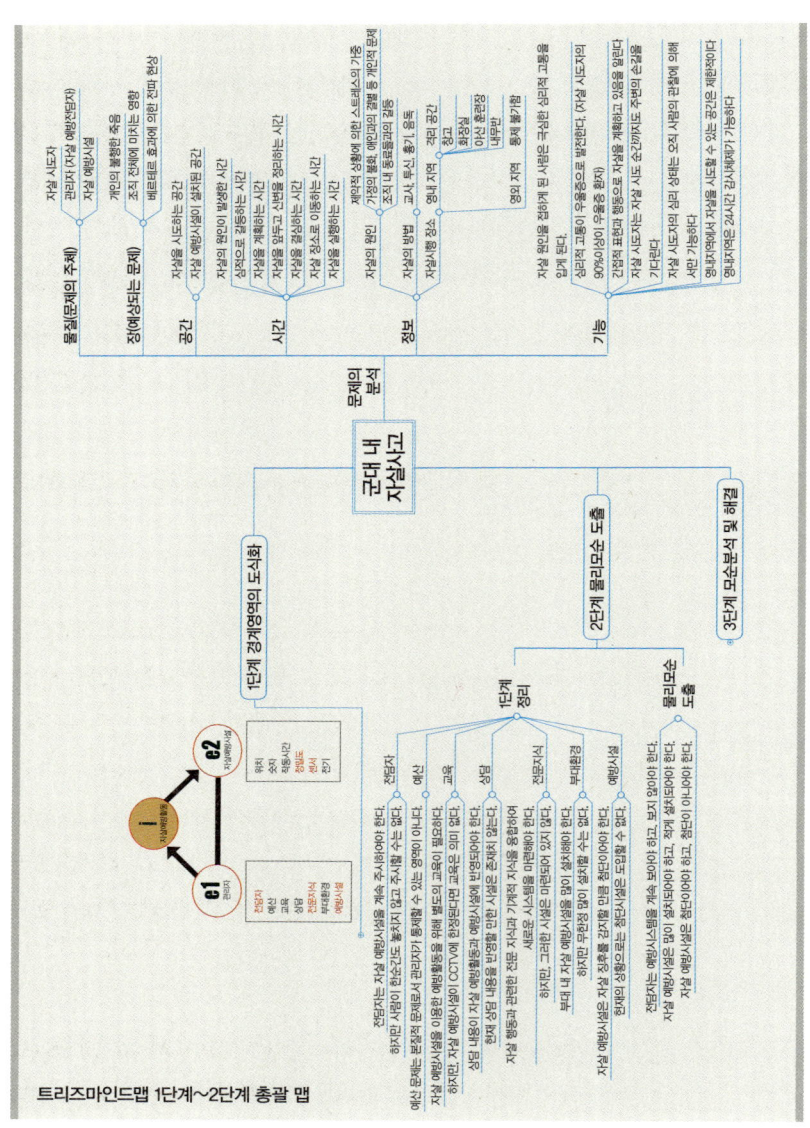

트리즈마인드맵 1단계~2단계 총괄 맵

3단계 모순 분석 및 해결

 2단계 과정에서 3개의 물리모순을 도출하였다. 3단계에서는 각각의 모순을 시간분리와 공간분리의 원리를 이용하여 모순 현상을 분리하여 해결책으로 접근하게 된다.

 첫번째 물리모순 전담자가 예방시스템을 계속 지켜봐야 하는 문제이다. 이것을 시간과 공간으로 분리하면 다음과 같다.

1 시간분리 자살 위험이 높은 시간에 집중적으로 예방시설을 관찰하고, 그렇지 않은 시간에는 관찰하지 않는다.
2 공간분리 자살 활동이 많을 것으로 예상되는 공간에 설치된 예방시스템만 관찰한다.

 두 번째 물리모순은 자살 예방시설이 많이 설치되어야 하는 문제이다.

1 시간분리 자살 행동이 있을 때는 예방시설을 많이 설치하고, 그렇지 않을 때는 적게 설치한다.
2 공간분리 자살 활동이 있는 공간에서는 예방시설을 많이 설치하고, 그렇지 않은 지역에는 적게 설치한다.

 세 번째 물리모순은 첨단기술을 적용시키는 문제이다.

3단계 모순분석 및 해결

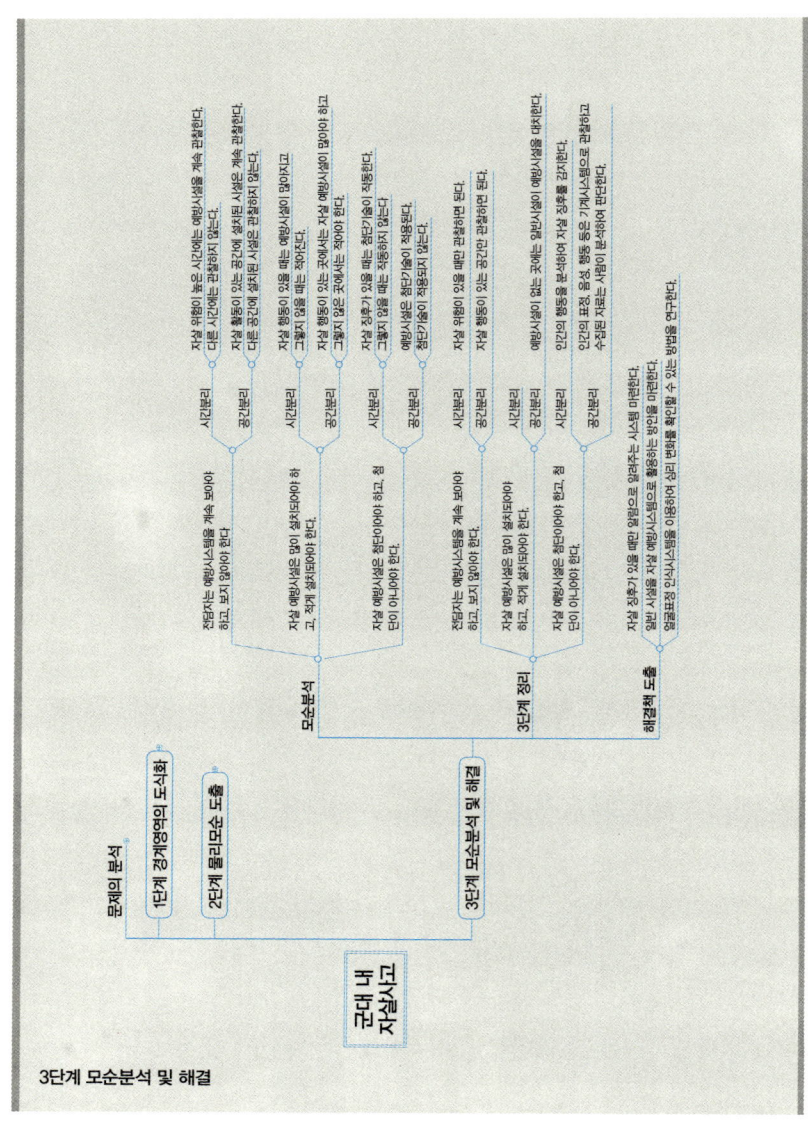

274 | 트리즈마인드맵

1 시간분리 자살 징후가 있을 때는 첨단기술이 작용하도록 한다.
2 공간분리 예방시설에 첨단기술을 적용하기도 하고, 적용하지 않기도 한다.

3단계 과정을 정리해보면 다음과 같다.

첫 번째 – 전담자는 자살 위험이 있을 때만 예방시스템을 관찰하고, 그외 시간은 관찰하지 않는다.
두 번째 – 자살 예방시설은 많아야 하지만, 적어야 한다.
세 번째 – 자살 예방시설은 첨단이어야 하고, 첨단이 아니어야 한다.

분석한 내용에 대해서 이번에는 40가지 발명원리를 대입하여 해결책을 도출해보았다.

1 전담자가 자살 위험이 있을 때는 예방시스템을 관찰한다.
이것은 40가지 발명원리의 11번 원리인 사전예방조치의 원리를 이용하여 해결이 가능하다. 자살 위험의 징후를 감지하여, 자살 위험 요소가 발견되면 예방시스템에서 알람이 울릴 수 있도록 한다면, 자살예방활동에 큰 도움이 될 수 있다.

2 자살 예방시설을 많이 설치해야 하지만 많이 설치할 수 없다.
발명원리 5번 통합과 6번 다용도의 원리를 이용하여 자살예방시설이 아닌 일반시설을 이용하여 자살 예방시설로 활용할 수 있도록 한다.
예를 들면, 현재 군부대에서 에너지 절감 정책에 따라 자동 점멸 센서등으로 조명등을 교체하고 있다. 따라서 이 장치를 사람이 있고 없음을 감지할 수 있는 시스템으로 전환하여 사용한다면 자살 예방시설로 활용이 가능해진다.

3 첨단기술을 이용한 자살 예방시설의 개발
발명원리 26번 복사의 원리를 이용하여 첨단기술을 대체할 수 있다. 즉 매일 아침 병사들의 얼굴을 사진으로 찍어, 자살 예방전담자에게 전송하면 전담자는 병사들의 얼굴 변화를 확인하여 우울증과 같은 자살의 심리적 상태를 파악하여 자살의 징후를 찾아낼 수 있다.

이 연구를 진행한 공군 8146부대에서는 1번과 2번의 내용을 융합하여 화장실과 같은 밀폐된 장소에서 벌어지는 자살의 상황을 감지할 수 있는 시스템을 개발할 수 있었다.

화장실과 화장실로 향하는 복도에 설치된 조명등이 행동감지 센서임을 이용하여, 조명등의 센서를 상황실의 알람장치와 연결하였다. 이 장치를 이용하여 사람이 화장실로 들어간 이후 일정 시간이 지난 후에도 나오지 않으면 알람장치가 작동하도록 설계하였다.

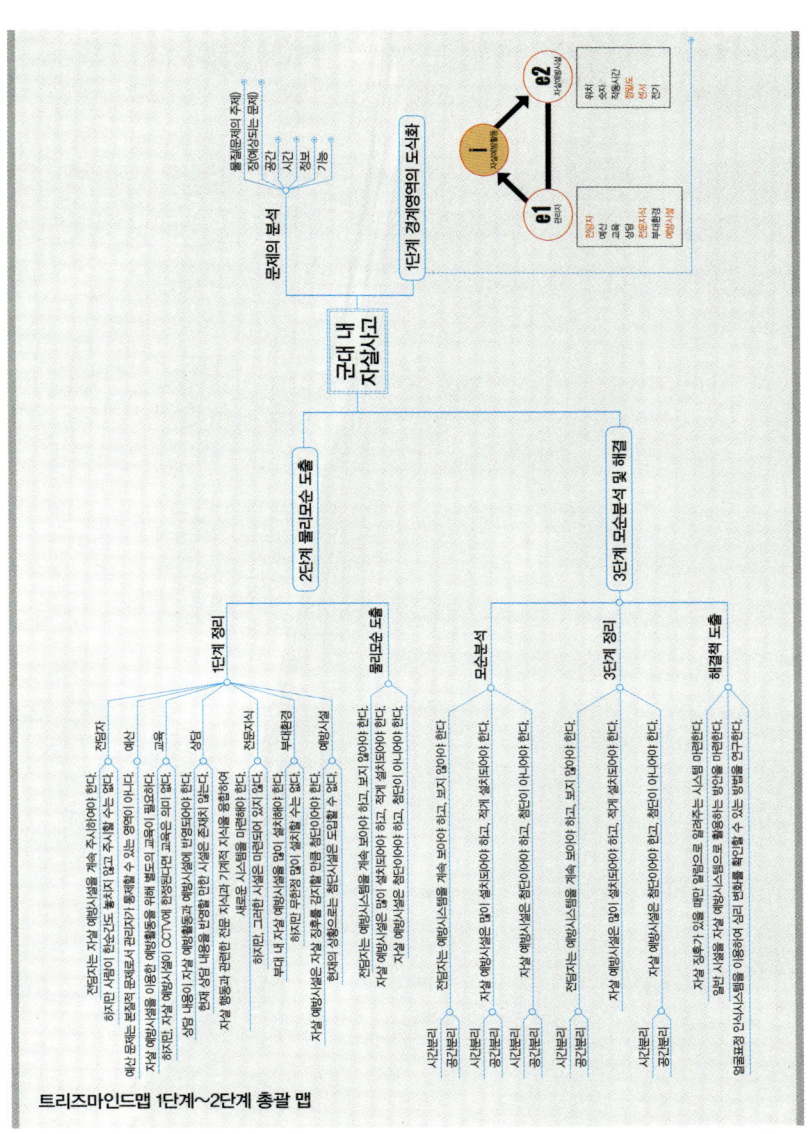

트리즈마인드맵 1단계~2단계 총괄 맵

PART 04. 새로운 창의도구 트리즈마인드맵 | 277

참고문헌

김호종 외, 『창의설계 실용 트리즈』, 진샘미디어, 2011
김호종, 『실용 트리즈의 창의성 과학』, 두양사, 2007
정영교, 『창의적 사고의 기술』, ㈜ 크레듀, 2006
ThinkWise 아카데미, 『스마트워크를 위한 마인드프로세싱』, 북마크, 2010
김효준, 『생각의 창의성 TRIZ』, 도서출판 지혜, 2004
박성균, 『이노베이션 알고리즘』, 현실과 미래, 2002
박종안, 『창의력 교과서』, 도서출판 푸른솔, 2005
구와하라 마사히로, KMAC역, 『TRIZ 아이디어 레시피』, KMAC, 2010
안세훈 외, 「군부대 내 자살사고 예방」, 트리즈학회 창간호, 2011

생각이 열리는 나무
트리즈 마인드맵

2012. 2. 28. 초판 1쇄 발행
2017. 1. 10. 초판 7쇄 발행

저자와의
협의하에
인지생략

지은이 | 오경철, 안세훈
펴낸이 | 이종춘
펴낸곳 | BM 주식회사 성안당

주소 | 04032 서울시 마포구 양화로 127 첨단빌딩 5층(출판기획 R&D 센터)
     | 10881 경기도 파주시 문발로 112 출판문화정보산업단지(제작 및 물류)
전화 | 02) 3142-0036
     | 031) 950-6300
팩스 | 031) 955-0510
등록 | 1973. 2. 1. 제406-2005-000046호
출판사 홈페이지 | www.cyber.co.kr
ISBN | 978-89-315-7573-6 (13320)
정가 | 14,800원

이 책을 만든 사람들
기획 | 최옥현
편집·진행 | 이병일
본문·표지 디자인 | 想 company
홍보 | 박연주
국제부 | 이선민, 조혜란, 고운채, 김해영, 김필호
마케팅 | 구본철, 차정욱, 나진호, 이동후, 강호묵
제작 | 김유석

Copyright © 2012~2017 by Sungandang Company All rights reserved.
First edition Printed 2012. Printed in Korea.

이 책의 어느 부분도 저작권자나 BM 주식회사 성안당 발행인의 승인 문서 없이 일부 또는 전부를 사진 복사나 디스크 복사 및 기타 정보 재생 시스템을 비롯하여 현재 알려지거나 향후 발명될 어떤 전기적, 기계적 또는 다른 수단을 통해 복사하거나 재생하거나 이용할 수 없음.

마인드맵®은 부잔센터코리아㈜ 및 ㈜마인드맵코리아의 등록상표입니다.
부잔센터코리아㈜ 웹사이트 : http://www.buzankorea.co.kr | ㈜마인드맵코리아 웹사이트 : www.mindmapkorea.co.kr